人生在世如春夢，且自開懷飲幾盅

布緯食療，油拔法，均主張樂觀，積極的生活態度。

吃得天然，走進自然，油漱口，赤腳行……

你不能決定生命的長度，但你可以控制它的寬度。

精采的人物，啓發性的小品。

給你正能量，健康的思緒。

真正的平安，不是無風無浪。

真正的平安，乃是笑看風浪。

序

四個多月前，我在〈半畝田〉專欄中把布緯療法介紹給香港讀者，至今已陸續收到讀者報喜的來信，他們向大家分享這個食療治愈頑疾的經驗，其中最快見效的是皮膚病。像濕疹這一類的頑疾，本來是極其難治，西醫的皮膚病專家告訴我，所有從免疫系統出來的病，西醫都沒法根治，皮膚病就是其中之一；中醫中藥的成功率不敢說，在讀者之中，有長了一輩子濕疹的，服用中藥以後，好了一段時間又不好了，有特意花大錢去北京針灸的，也是好了一陣以後又復發了。這些讀者們服用了布緯食療以後都有奇跡一樣的康復，而且比起看醫生的花費，是百倍、千倍，甚至數十萬倍的便宜——冷榨亞麻籽油和茅屋芝士能花多少錢？

布緯博士是德國人，是世界上最權威的脂肪和油的專家之一，她發明的食療本來是為了治癌症的，癌症也是因為免疫系統出了毛病，布緯博士把出毛病的原因更具體地指出來，其中的秘密，就是我們身體中的脂肪成分出了毛病，我們的細胞靠好的脂肪活命，只要把我們的細胞從新活過來，我們的健康便再上軌道，而不值錢的冷榨亞麻籽油和茅屋芝士就是答案。布緯博士對人體脂肪的研究和發現，為中醫和西醫的療法都補了白。

用這個食療治癌症的時間要長一點，大概要半年，我們的讀者中，以我所知道的，胃癌和舌癌的患者見效最快，一個月以內已經有明顯的改進，可惜的是，這幾位讀者都沒有寫信來分享經驗，我是從她們去光顧的健康食品店間接瞭解到的。

每多一位讀者分享經驗，就多幾位患者重新獲得健康，當一個人能設身處地照顧不認識的人的快樂的時候，這個人的心態一定很好，心態好的人一定健康長壽。根據布緯博士的說法，服用這個食療的人必須也要從生活態度上改變自己。布緯食療是一個有病治病，沒病保命的健康終極食療。

在這本書中，我也同時包括了油拔法和分享了我的行山保護膝蓋法，從一篇又一篇的讀者來信中看到，油拔法也是健康奇跡的締造者，而行山，一個人如果每天都行山、散步一個小時，保證長命百歲。書中也包括了我的生活體驗，這本書的編輯概念，是希望我們在談天說地的時候，大家用自己幫自己的方法，從生活方式上和飲食結構上輕輕鬆鬆地從根本改進健康。不要當自己是病人，要告訴自己：我只是可以更健康一點！

目錄

行山法

正能量篇

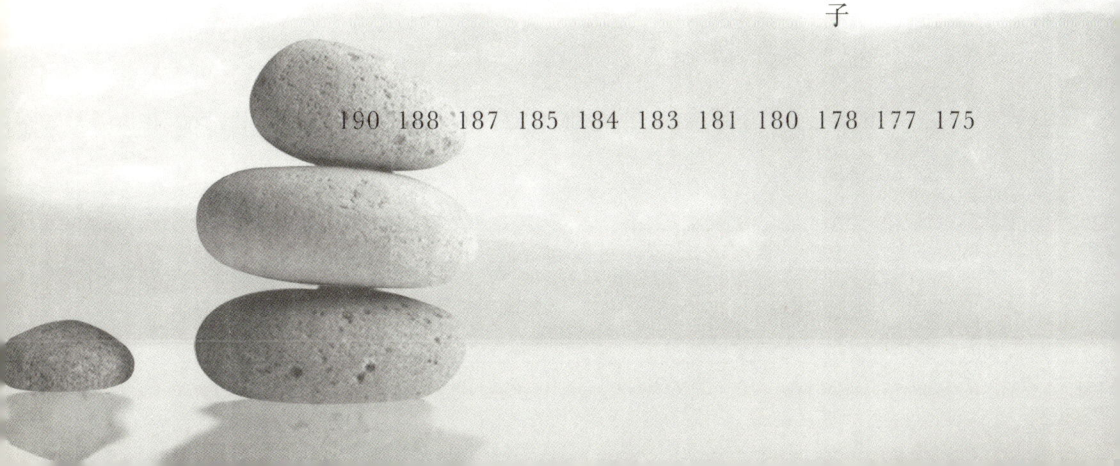

Johanna Budwig，物理及化學博士，
曾在德國聯邦健康局工作。
認為人生病，因為缺氧，
「亞麻籽油」與「茅屋芝士」化合，
有助細胞獲得多些氧氣，抵抗疾病。

布緯食療

如果癌症病人和慢性病的患者，因為這篇文章而得到新生，不要忘記謝謝一位讀者。他看了我介紹亞麻籽的好處後，聯想起這篇極其有醫學價值的研究報告——布緯食療（Budwig Diet），在這篇報告中，說明有機亞麻籽和有機低脂肪茅屋芝士（Cottage Cheese，是一種芝士的品種，香港的超市都有售）的混合吃法，可以防止和治療癌症以及多種慢性病。

寫研究文章的學者叫麥克（Mike Vrentas），隸屬於「獨立癌症研究基金」（Independent Cancer Research Foundation, Inc.）。這個吃法不是他發明的，是一位叫布緯（Dr. Johanna Budwig）的博士創造的，麥克受「獨立癌症研究基金」所託，到處找癌症與慢性病的另類療法，結果經過了幾千個小時的努力，找到並且肯定了布緯博士的貢獻。布緯博士是德國醫學家，曾經被七次提名諾貝爾獎，是世界上最傑出的脂肪和油脂專家之一。

這篇文章很長，我一直沒有時間翻譯，後來另外有一位讀者羅先生認為我在專欄中介紹的亞麻籽吃法不是最理想，促使我把布緯博士的吃法早一些翻譯出來，又恰好得到一位年輕媽媽劉女士的幫忙。

布緯食療的做法

我想先介紹製造布緯食療的方法，以利益有需要的人群，布緯食療後面的道理，我先跳過，回頭再說。

布緯食療適合甚麼時候服用？

一、各種各樣的癌症。學者說：「在世界各地，我找到很多癌症病人所作的見證，其中包括各種各樣的癌症，他們原來都被遣送回家等死，但是在使用了布緯食療以後，的確康復了，過著健康、正常的生活。」

二、慢性疾病。布緯醫生不僅用她的治療方案來醫治歐洲的癌症患者，還幫助了有慢性病的人，包括：關節炎、心肌梗死、心律不齊、牛皮癬、濕疹（包括其他皮膚疾病）、免疫力缺陷綜合症（多發硬化症和其他免疫系統疾病）、糖尿病、肺病（呼吸系統疾病）、胃潰瘍、肝、前列腺疾病、中風、腦瘤及其他腦部疾病、動脈硬化症等。

三、在保守的西方傳統醫藥起不到作用時。布緯醫生的診療方案在保守的西方傳統醫藥起不到作用時被證明是成功的。

布緯食療的做法

布緯食療極其簡單，就是把從超市可以買到的有機低脂肪茅屋芝士（Cottage Cheese）和冷榨亞麻籽油混合起來。有機低脂肪茅屋芝士跟冷榨亞麻籽油的比例是2：1。為了保證新鮮，每次只應該混合一次用的份量。

成人一次用的份量：四湯匙的有機低脂肪茅屋芝士加兩湯匙的亞麻籽油，這樣是每一次的份量，每天服用兩次。或根據病情的嚴重性，有針對性地服用。

這個食療的組成很簡單，但在製造過程中有不少禁忌。

步驟：

一、把四湯匙低脂肪茅屋芝士用攪拌器完全打成光滑的雪糕狀，倒出在一個碗中。茅屋芝士本來有很多細粒。

二、在攪拌好的四湯匙低脂肪茅屋芝士中，加入兩湯匙冷榨亞麻籽油，用瓷的湯匙手動攪拌，把油完全與芝士混合成一體，這時候，製成品應該是「立」起來的，就是說，本來油和芝士在沒有結成一體的時候，它是「趴下來」的，成為一體的時候，它就可以「站」起來了，可以站起來以後，還沒有好，還要繼續手動攪拌最少一分鐘。

三、用攪拌機把兩湯匙亞麻籽現打成粉，加入製成品，用瓷的湯匙攪成一體，這時便成為布緯食療了。

必須、必須注意，一、二、三步驟不可以同時做，二、三步驟也不可以同時做；必須、必須，是一、二、三，三個步驟分開做，否則無效，這後面的道理，如果想知道，可以看〈半畝田〉。

要必須記住：

一、攪拌好後必須立即服用！

二、在攪拌好之前絕對不可添加任何東西！

註：1. 布緯醫生說：「我們通常推薦使用手持式攪拌器（棍狀），來混合冷榨亞麻籽油和茅屋芝士」。

2. 如果買不到手持式攪拌器，買一個你能買到的最低速的普通攪拌器。

3. 如果你按照上文的方法，即用攪拌機先攪爛茅屋芝士，再手動混入冷榨亞麻籽油，要肯定油和芝士最終能夠完美地混合成一體。如果沒有信心，直接用攪拌器好了。

布緯食療治病和養命

不要購買已磨好的亞麻籽粉。因為亞麻籽在研磨後十五分鐘就變味了。棕色或金色的整顆亞麻籽能在健康食品商店買到，這兩種都很好。把亞麻籽存放於雪櫃裡，每次用時拿出來研磨。

剛開始服用布緯食療時，建議慢慢增加用量，可以先一日用一次，讓身體適應這個食療，以後才逐漸增加份量，以病情的嚴重性而增加。

為了讓食療可口，我的方法是加入一茶匙蜜糖、任意加入各種水果，最好吃的配合是把一個超市買的嫩椰子（香港叫椰皇）打開，椰子肉挖下來，把椰子汁和椰子肉攪拌成漿，混入布緯食療中。如果是癌症病人，加入藍莓、草莓這一類的漿果。

怎樣製造不同口味

絕對不用膠囊亞麻籽油

布緯醫生說：「絕對不可以用已經做成膠囊的亞麻籽油，和已經在貨架上的亞麻籽粉。要買冷藏的亞麻籽油，同時要察看失效日期。」

在香港，冷藏的亞麻籽油連我都沒有見過，退而求其次，只能把開瓶以後的亞麻籽油放在雪櫃裡，通常亞麻籽油在開瓶以後要在一個月以內吃完。

布緯醫生說，不要選那些味道不純的亞麻籽油，不要選在加工過程中把亞麻殼留在了瓶底的產品，「你應該選擇味道好，純粹的亞麻籽油，不要購買加了香料的產品」。

在香港，你有機會在老牌百貨公司找到純粹的冷榨亞麻籽油，但不要買那些加了其他口味的，或者加了任何維他命的產品。

怎樣製造不同口味的食療？

布緯醫生說：「你可以攪拌進兩或三湯匙的有機低脂牛奶，來製造更潤滑的糊仔。在把亞麻籽油和茅屋芝士混合完成後，奶可以手動攪拌進去。」

注意：在攪拌好食療之前絕對不可添加任何東西！

可以每天都製造不同口味的糊仔。

一、加果仁。最好是有機的果仁如碧根果（pecans）、杏仁或核桃仁。不可以加花生。

二、加香蕉、新鮮菠蘿、藍莓、木莓（raspberries）、肉桂粉（cinnamon）或鮮榨果汁。

三、加有機可可粉、有機椰絲。

四、最好的吃法：把新鮮的水果放在打好的糊仔上面，把它當作一頓正餐。

要儘量選擇有機水果。

病人怎樣增加劑量

布緯醫生說：「患有慢性病和絕症的病人要逐漸增加劑量到每天服用四至八湯匙的亞麻籽油。」

布緯醫生說的慢性病，包括：關節炎、心肌梗死、心律不齊、牛皮癬、濕疹（包括其他皮膚疾病）、免疫力缺陷綜合症（多發硬化症和其他免疫系統疾病）、糖尿病、肺病（呼吸系統疾病）、胃潰瘍、肝、前列腺疾病、中風、腦瘤及其他腦部疾病、動脈硬化症和其他慢性疾病。

布緯醫生說的癌症，包括各種各樣的癌症。

她說：「一般來說，六至八湯匙冷榨亞麻籽油的高劑量是用於癌症病人的，這個劑量是上限。」

她又說：「患有肝癌和胰腺癌等癌症的病人，或許要從一茶匙的份量開始，慢慢的讓自己身體適應後，再漸漸增量。」

比如一茶匙的冷榨亞麻籽油，加兩湯匙的有機低脂肪茅屋芝士。由每日一次到兩次，逐漸加大到正常劑量。

布緯醫生指出癌症患者一旦開始療程，病情受到控制，就必須維持一定的劑量以防復發。這維持劑量指的是身體重量的每一百磅要服用一湯匙的油。

布緯食療法要持之以恆才能見效，如果患者有癌症、腫瘤等疾病，可能要三至六個月才能看到效果；相比起來，其他的健康問題會很快見效。

傳統的西方醫藥無法治療免疫系統的病，比如癌症和各種的皮膚病，布緯食療正好填補了西方醫藥的一個空白。

如果對奶製品過敏

布緯醫生說：「商業牛奶是用巴氏滅菌法消毒的，有益菌和酶被銷毀了，這造成了有些人的腸胃對鬆軟奶酪和夸克奶酪的不適應。」

我自己也是對牛奶過敏，稍微吃一點就拉肚子，現在才知道那是因為製造的問題。

一直以來，生的鮮奶及奶製品被妖魔化，我也以為那是一點也碰不得的東西，最近在電視上看到，在歐洲有奶農售賣生牛奶，才知道原來巴氏滅菌法消毒奶，也只是美國商人定的標準，為了保證在生產和銷售過程中牛奶不變質，便把有益菌和酶銷毀了，所以當牛奶到我們手中的時候，其實已經變質，商業促進了社會的繁榮，但也犧牲了自然的賦予。

不能碰牛奶，但是我可以吃芝士，如果有人連芝士也不可以吃，便要找代替品。

替代品的建議（沒有特別排序）

一、如果有渠道的話，使用生鮮奶及奶製品。

二、用山羊奶代替牛奶製品。

三、用夸克乳酪（Yogurt Quark）。

四、用克非爾鬆軟乳酪（Kefir Quark）。

克非爾鬆軟乳酪（或夸克）絕對是乳糖過敏人的佳音，它有神效，味道非常好，但記住要把油完全融解在克非爾（Kefir）裡後才可飲用。和茅屋芝士相似的非爾鬆軟乳酪一樣有功效，只要亞麻籽油在裡面被攪拌成一體而不是浮到表層。

以上幾種芝士在香港都不容易買到，茅屋芝士要找一找，但是不可以改用別的，這是藥用配方，不是個人口味可以隨便改。

茅屋芝士不可替代

「如果用酸奶（乳酪）代替茅屋芝士，必須服用比茅屋芝士多三倍的酸奶，因為酸奶比茅屋芝士缺少蛋白密度。」

文章翻譯到此，下面的一段話就開始叫人難辨了：

「不過，用酸奶是有爭議的，因為布緯醫生從未講過酸奶可以代替茅屋芝士。如果用酸奶則必須用有活酵母的，不是在超市買的那種。用酸奶的話，比例應該是四分之三量杯的酸奶對一湯匙的亞麻籽油……」

在香港，叫人去甚麼地方找有活酵母的酸奶？所以還是用茅屋芝士就好了，希望能找到有機的茅屋芝士（organic cottage cheese）就完美了。

事實上，有研究肯定地說，由於茅屋芝士含有硫化蛋白質，是布緯食療的重要成分，是酸奶無法代替的，所以改用酸奶對治療無效。

必須戒口

下面的各項應該在使用此食療法時避免。需要免除這些食品的原因，是它們對此食療法有干預，會降低細胞的能量。

一，糖。

二，所有動物脂肪。

三，所有肉類，包括魚。

四，植物牛油（margarine）。

五，牛油。

六，沙拉醬以及沙拉油。

七，帶有防腐劑的食物。

可以吃陳年葡萄酒醋，以及檸檬。

食物活人也殺人

癌症病菌搶肉吃，癌症病菌還搶吃一切酸性食物，包括白麵粉、白米、汽水、薯條、咖啡、一切煎炸食物、垃圾食品、食品添加劑等。

《嚴浩特選秘方集2》中有「癌症病人的飲食」，是和布緯療法中的戒口要求是一樣的。

健康從飲食開始

健康的身體從逐漸增加健康食品和飲料、戒除有害食品為開始，改變飲食的組成看似對一個人無足輕重，但其實是有極大影響力的，它可以毀掉一個人，也可以治癒一個人。

據布緯醫生以及五十年來在德國研究報道她著作的人所稱，這種食療方案對於各種癌症病人有百分之九十的治癒率。在過去十年，很多研究也證明布緯醫生推薦的「食物、果汁、日照和心身放鬆」加起來的療效，有明顯的抗癌功效。

在文檔中，有很多成員所作的見證，他們中很多人被診斷為患有癌症，甚至是不可治癒癌症，但在遵循了這種食療方案後恢復健康。

布緯醫生說：「不要吃剩菜。食物應該做好了之後趁新鮮馬上吃，一般最好在十五至二十分鐘內，才能得到其中強身健體的電子和酶。

「一天至少三次要飲用溫熱飲品，比如綠茶或其他草本茶，只用天然生蜂蜜來增加甜味。寫一本食物日記，防止緊張和焦慮情緒，花點兒時間來放鬆和享受每一天。聽聽美好的音樂，笑一笑，做個深呼吸，享受大自然，和喜歡的人在一起。」

布緯醫生提到了生活緊張和壓力的破壞性後果。

如何開始布緯療法

布緯醫生指出，從血液化驗中可以看到，健康的人的血液中含有帶氧的血紅蛋白，但在病重的癌症患者的血液化驗中，卻看到一種奇怪的黃綠色物質，血紅蛋白消失了，這個現象幾乎毫無例外，在病重的癌症病人的血液裡，都會缺失一種叫磷脂和脂蛋白的物質，其中，大多數病人的血液缺少百分之八十的奧米加3。

布緯醫生發現：經過三個月的療程後，癌症病人的血液變回了鮮紅色，腫瘤開始消失，虛弱和貧血現象不見了，病人恢復了活力，癌症癥狀、肝功能失調和糖尿病完全減輕了。

需要三件器皿，一是咖啡豆磨具，用來磨碎整顆的棕色或者金色亞麻籽。布緯醫生說，開始的時候，每天用兩到三湯匙研磨成粉的亞麻籽，亞麻籽必須現磨現用，要在磨完後十五分鐘內服用，否則就會變味。也可以把亞麻籽粉放入穀物粥（cereals）、燕麥粥（麥皮，oatmeal）和奶昔（shakes）等中。

第二件工具是手持棍狀攪拌器，用來攪拌亞麻籽油和茅屋芝士，讓它們完全成為一體，把油變成水溶性，以便細胞更好吸收。

第三件工具是榨汁機。磨壓式榨汁機相比離心式榨汁機能製造出更健康的汁水。

布緯食療治胃病

寫信來〈半畝田〉，把布緯食療介紹給大家的是一位叫「Kukuku」的讀者，真的很感謝這位有心人。

我回信說：「非常非常謝謝您！您自己有做這個療法嗎？有效嗎？您為甚麼懂那麼多？」

Kukuku：「這食療方是由別人推介給我的，推介人有一些慢性病給醫好了，我很好奇，所以做了一些資料蒐集，又食用了一段時間，只作為保健而已。但即如任何養生食療一樣，Budwigdiet 布緯食療只是生活的一部分，還要加上其他健康積極的生活態度才可。」

我鍥而不捨：「推薦人有甚麼慢性病，可以說明一下嗎？我想很多人都想知道。」

Kukuku：「推介人數年前治癒『幽門羅旋菌』後一直有胃病不癒，胃內長期覺得好像胃膜受損，經數年服用抑制胃酸的處方藥物都未見好轉。後來開始 Budwigdiet 布緯食療，服用了兩個月後已經有好轉，現已復原。推介人服食時是早晚各一次，每次兩湯匙油，四湯匙芝士。推介人現已不需再服食 Budwigdiet 布緯食療。在服用布緯食療期間亦沒有服用其他處方藥物，純粹是此食療令其復原的。」

準備用布緯食療治病或者養生的讀者不要忘記 Kukuku 的提醒：「即如任何養生食療一樣，布緯食療只是生活的一部分，還要加上其他健康積極的生活態度才可。」

要感謝布緯醫生

讀者Franky用布緯食療把被獸醫宣判為絕症的老貓治好了，過程只是七天。從來信中，看得出他的專注和一絲不苟，布緯醫生建議剛開始療法的患者：

一、小用量開始。

二、患者不想吃，就不要強迫患者進食。

三、為了治病，特別是重病患者，絕對要戒口。

四、患者一定要素食。

以上幾點，Franky全部做足，連貓也讓她絕對素食，結果，Franky成功了，快要死的貓被救了回來，七天以後，「幫她擦嘴時，離她大約半尺，她對著我叫，但是已經聞不到她有口氣。」

貓對他叫，是表示對他的感謝，表示對主人的愛，誰說動物沒有人性？

這是一個發生在我們身邊的故事，好像一部動人的電影，能把大家的眼淚也催出來。

Franky看見貓活了過來，向他咪咪的叫，當時一定舒了一口氣，放下心頭大石。他在快樂的時候，也沒有忘了寫信來感謝〈半畝田〉，而且把整個過程極其詳細的記錄下來，「希望可以幫到其他有需要的人！」他說。

謝謝您，Franky！

布緯療法在布緯博士的祖國德國已經治好了千萬的重病、絕症患者，文獻上有記錄，甚至躺在醫院中等死，剩下幾個小時生命的癌症病人，也被這個療法治好了。布緯博士在九十多高齡時過世，她的著作都是德文，只有部分被翻譯成英文，中文的資料非常貧乏。

生活態度要配合

布緯博士的食療法還要配合健康積極的生活態度。

陽光——每天曬太陽，曬太陽能獲取維他命D，在不能曬太陽的日子裡，用冷壓法製出的高質量魚肝油也能帶來維他命D和其他益處。曬太陽的時間要合理，不要在中午的時候曬，要塗抹防紫外線的護膚膏，要防止曬傷。

運動——千萬不要過度運動，要量力而為。布緯博士並沒有強調運動，她認為人需要休息來康復身體，所以，要量力而行，如果可以做運動，除了散步，「一個彈跳台（即小型的圓形彈跳床），對淋巴系統、心臟和血液循環是有好處的」。

老番專家在所有的運動中，提倡散步和彈跳，這和我們老中的說法是一致的，老中說：「飯後走一走，活到九十九。」又說：「跑一跑不如跳一跳。」可是這句話其實還沒有說完，下面是：「跳一跳不如抖一抖。」就是說，抖身體比彈跳還要好。怎麼抖？觀察一下狗兒抖身體的動作就知道了。

布緯醫生説，在陽光下放鬆是有治療功能的。大自然、音樂、聊天、歡笑、一本好書、和喜歡的人在一起，都有治療功能。

布緯醫生強調，避免不健康食物和物質非常重要，比如反式脂肪（人造牛油）、動物脂肪、糖、白麵粉、白米、防腐劑、化學成分及加工的食物。

醫生不可以大意

讀者 Irene 來信：「兒子出生後兩三個星期臉上便出現濕疹，看過很多兒科醫生和皮膚科醫生，塗過不同名字的類固醇和一些壓抑免疫系統的藥膏，穿全棉衣物，抹金銀花水，塗過各種潤膚膏，天然的、溫和的，給他塗 Cetaphil 補濕，再塗 Vaseline 鎖水，晚上開著冷霧放濕器睡覺，你的專欄提及過的，都試過，就是不好。皮膚科醫生給他抗生素，我很抗拒，醫生斥責我不要等爛面才用抗生素，只是用過抗生素，濕疹又來襲了。

「後來一歲半，皮膚測試發現他對蛋、花生、貝類海產敏感，醫生處方每晚服食廿二點五毫升 Zyrtec（當時是處方藥物），一個月後，濕疹有很大很大的改善，慢慢減少發生，程度亦減低，兩歲驗血時發現他的食物敏感亦隨歲數長大而消失，我的孩子現在六歲了，轉天氣皮膚質素會差一點，但只要勤補濕，總算捱過了。我知道兩歲前能得到改善是很幸運很幸運的，而皮膚測試實在是一個關鍵⋯⋯」

為甚麼醫生那麼大意，不首先讓患者做皮膚測試？

「……在地鐵上，另一個媽媽跟我家孩子很親切的逗著玩，我不好意思的告訴她我家孩子有濕疹，她拍拍我肩膀，告訴我她很明白，因為她家孩子也有濕疹，叫我要努力面對，我鼻子立即酸起來……現在我孩子的濕疹改善了，但鼻敏感、哮喘的癥狀陸續出現……」

鼻敏感、哮喘是濕疹孩子的潛伏病癥，我建議，用布緯食療試試，布緯食療在保守的西方傳統醫藥起不到作用時被證明是成功的。

服亞麻籽粉翌日

讀者 Dicky 來信：「我父親月前因腹痛入院檢查，發現肝部有腫瘤，醫生說因他年紀太大，已經八十多了，加上身體弱及腎功能差，不建議作進一步治療。這時剛巧看到先生有關文章，介紹亞麻籽及布緯療法、及病人不應吃肉等等，我便把亞麻籽粉加到他平日吃的粥及麥皮中，他服後第二日就說，感到身體有點熱，平日需要長期戴帽的，也要脫下來。精神也好了一點，不用整天睡覺……」

答：非常好！人在身體健康的時候，吃一些亞麻籽粉之類是沒有甚麼感覺的，但是在關鍵的時候，效果就很明顯。反過來好像喝冷飲，身體健康的時候不會有甚麼反應，但是體虛的時候，碰一點都不成。

「但他仍然很想吃肉，因他說飯餸太淡，吃不下。現在只煲魚湯送飯，或者排骨湯送粉。」

答：要慢慢減少。

「他吃得不多，如果是吃飯的話，會覺得胃不舒服，他牙齒不好，不能吃硬果，可以將杏仁、核桃等打粉加到粥或粉嗎？」

答：很好，要儘量吃十穀米糊仔。

「魚湯、排骨湯能喝嗎？」

答：其實不可以，癌細胞搶肉吃，在救命的時候，要忍一忍口。有很多辦法讓食物的味道好起來，不一定要喝肉湯。

「另外，想請問布緯療法適合老弱的病人嗎？」

答：適合。

「我們擔心他吃不了冷藏過的東西，比如芝士之類。」

答：把需要用的芝士份量放在一個小玻璃杯中，再把玻璃杯泡在一碗攝氏四十度的熱水中，等到芝士不冰了，才拿去和亞麻籽油攪拌。乳酪中的益生菌在四十度以上就死了，所以只要把水溫控制在四十度以下，就不會破壞益生菌。一定不可以熱吃。

「想問清楚一下，亞麻籽在打粉前，需不需要炒一下？」

答：一定不可以！亞麻籽油、亞麻籽的煙點（smoke point）是一百零七度，如果加熱，很容易便超過煙點，這時候，亞麻籽便會釋放出有害的物質。亞麻籽油以及亞麻籽可以自由混入飯中同吃，不過不要混在飯鍋中，還是要小心過熱。（人體體溫是三十七度）。一位英國註冊營養師曾撰寫過一篇關於亞麻籽油的文章，可以參考。（見附錄）

「因為賣的店員說需要。」

答：胡說八道，害人不淺！

從中可以看出一般人對亞麻籽並不瞭解。在香港，連亞麻籽和冷榨亞麻籽油也不好買，我每天都收到讀者來信問我在甚麼地方可以購買，「香港心腦保健會」願意幫有需要的讀者們訂購，可以直接電郵至 drzhhuang@gmail.com。

布緯食療上戰場

讀者 Connie 來信：「看過布緯醫生療法。我友人現在是第四期膀胱癌，是復發的，現在在瑪麗醫院，因高燒在隔離病房，在膀胱取出多片血塊，小便開始可以排出，我想讓她嘗試布緯療法，但我不知在哪處買攪拌機，是哪一種，亞麻籽油去哪裡買，怎樣處理，食量怎樣開始。可能我好亂，你可否給我一點啟示。還有醫生說她餘下大約四五個月人生，我替她十分難過，她的人生十分坎坷，她才只是四十出頭呢！」

攪拌器——布緯醫生說：「推薦手持式棍狀攪拌器。」

讀者 Connie 的友人現在是第四期膀胱癌，可以這樣開始（其他癌症、慢性病患者也可以這樣開始）：

一、先用一湯匙冷榨亞麻籽油加兩湯匙茅屋芝士，用手持式攪拌器攪拌約一分鐘，待油和芝士完全融合成一體以後，放在一邊。

二、用咖啡豆磨具，磨碎整顆的棕色或者金色亞麻籽，需要用兩到三湯匙研磨成粉的亞麻籽，大約需要一分鐘。

三、把一和二拌在一起，立刻服用。毋須用機器攪拌。

首先一日用一次，讓身體適應這個食療，以後才逐漸增加份量。比例是一湯匙冷榨亞麻籽油對兩湯匙茅屋芝士。

如果患者身體對這個食療沒有不良反應，便可以慢慢加到成人患者一次用的量。

四、成人患者一次用的量：兩湯匙的亞麻籽油對四湯匙的低脂肪茅屋芝士，這樣是每一次的分量，每天服用兩次。

布緯醫生說：「患有慢性病和絕症的病人要逐漸增加劑量到每天服用四至八湯匙的亞麻籽油。」

不要擅自改這個食療的內容。讀者陳億義指出，在中文網站中，布緯醫生的中文名譯作「巴德維」，大家可以上去看有關內容，不過我去看過，網上的文章隨意把茅屋芝士（cottage cheese）改成其他的乳酪，甚至勸「不習慣乳製品的中國人改用粥、麥皮……」，這都是無治療效果的。

讀者郭太來信：「小兒七歲，與丈夫都有慢性病——濕疹和有鼻敏感，我想詢問布緯食療怎樣開始食用？」

答：布緯食療幫人從根本上改變體質，尤其在「保守的西方傳統醫藥起不到作用時」，濕疹和鼻敏感都屬於這個範圍。成人可以參考以下的服用方法作為開始。

（詳細步驟見第14頁）

小孩子的服用方法：基本上，每一百磅體重用一湯匙冷榨亞麻籽油，所以小孩子要根據體重遞減。比如是六十磅，那就是半湯匙多一點。有人會對亞麻籽敏感，測試的方法：把一些亞麻籽油擦在皮膚上，維持幾個小時，如果有敏感癥狀，便不要用。如果是半湯匙的亞麻籽油，那麼加入一湯匙的茅屋芝士就可以了。亞麻籽粉減半。

郭太：「小女四歲，腸胃不好，容易嘔吐，胃口差，如果用為保健之用，應該怎樣開始食用？」

答：跟上面一樣就可以了。同時，把孩子的飲食習慣、生活習慣寫下來，仔細想一想為甚麼孩子的體質不好，如果不從飲食和生活習慣上改變，吃甚麼仙方都不會好。

布緯療法治濕疹

Ms Lai的來信：「自從我看到〈半畝田〉介紹布緯食療以後，我開始每天服用。自成年以後，三十年來我都被濕疹困擾，三年前變成完全失控，全身百分之九十都被濕疹覆蓋，我試過一切的辦法：類固醇、抗生素、中醫中藥等等，後來我領悟到，這種病是和情緒有關，我於是參加了一連串的有關講座，平復了小時候留下的心理創傷和解開了與父母之間的情意結，濕疹開始好轉。

「我又進一步領悟到，各種疾病都是內在心結的反映，任何你壓制或者閉眼不看的問題，都會成為疾病，疾病是來告訴你，你的生活中出現了不平衡，可能是在飲食和生活方式上，可能是你對事物的看法走進了牛角尖，所以產生了情緒病。從這個角度來看疾病，疾病不是倒霉，疾病是來告訴你，從甚麼地方倒下去，從甚麼地方站起來，但是，要找到原先倒下去的地方，這個地方，往往是自己放不開的地方。

「回到布緯食療，由於吃了以後很飽，我每天只吃一次。三湯匙冷榨亞麻籽油、加六湯匙茅屋芝士，攪勻後，我用七湯匙牛奶把製成品調稀，加一茶匙蜜糖，然後我用咖啡攪拌機把一湯匙亞麻籽打成粉，之後，我加入藍莓、草莓和一些堅果（核桃、杏仁之類）。我吃了這個食療一星期以後，濕疹已經平復，十天以後，濕疹已經控制住了，還沒有完全復原，但是在天氣轉變的時候，濕疹也沒有像往常一樣惡化。」

感謝您的分享，Ms Lai！

見證乳癌的治癒

一

讀者Kukuku第一個把布緯食療介紹給讀者們，最近她說：「若您進入雅虎群組，有一個flaxseed oil 2 active group，在這個群組，會看到用布緯食療的很多個案，有成功也有失敗。」

個案的原文是英文，為了加快效率，我請老婆代翻譯。謝謝她。

這幾天先翻譯「flaxseed oil 2 active group」群組發表的乳癌見證部分，是因為有乳癌讀者問布緯食療是否適合乳癌。

「整理者叫CB，自己從前列腺癌死裡逃生，至今已十五年，他說，多虧了布緯食療。

「一位女士的一邊乳房已被切除，癌細胞繼續擴散，在一年之內，另外一邊乳房也將被切除。她接受了一切化療和放射療法後，醫生將她送回了家，因為他們終於無計可施。這位女士非常虛弱，無法動彈，她非常絕望，認為死亡隨時來臨。

「開始使用布緯食療的前幾天，她覺得比過去更虛弱，從第四天，她突然感受到體內湧出力量。接下來的日子，她感到自己越來越強壯。兩個星期後，她感覺非常好，一度被她放棄的聚會和各種生活事務，她都可以重新參與了。後來她還去了加拿大東部旅行，走了很多路，她覺得自己完全恢復了正常。

「兩個星期前，她見了之前那位醫生，發現她剩下的那個乳房一點問題也沒有。醫生讓她一年之後再去復查。

「按她的話說，雖然她曾經攝入營養補充劑、建立良好的飲食習慣，但最終是布緯食療給她的生命帶來奇跡。她是在乳酪中加入五湯匙亞麻籽油，她說她會一直堅持下去。Andy」

二

「兩年前，我的一位朋友做了乳房的X光檢查，醫生發現可疑陰影，打算兩星期後再做活體組織檢查。我的朋友於是立即開始服用『茅屋芝士加亞麻籽油』的配方，每天攝入的亞麻籽油是三湯匙的分量。當活體組織檢查報告出來後，果然發現了一個惡性腫瘤，再做了其他幾個檢查後，醫生建議我的這位朋友做乳房切除手術。

「從這個時候開始，我的朋友更加不敢鬆懈亞麻籽油療法，因為一旦她接受手術，TennCare（保險公司）就只會對她之前的醫療費用支付三千美金。

「手術確定下來了，但日期被延後了六個星期，因為要等另一位醫生的檔期。由於手術不能馬上進行，於是醫生給她做了檢查，切片組織被送去實驗室化驗，報告出來了：未發現任何癌細胞。

「她將布緯食療的事告訴了這位醫生，這位醫生得知後表示非常有興趣，原來這位癌症醫生的太太竟然也患有乳癌，還是末期，雖然她已經被切除了兩邊的乳房，但是看起來並沒有任何好轉（癌細胞還在體內）。這位醫生帶他的太太去了任何看似可以帶來希望的診所，但最終都無濟於事。

「我最後聽到關於這位醫生太太的消息是，她目前很好。」

三

「一年前的二月，我偶然得到一些關於布緯治療法的錄影帶，於是帶去了我的前列腺癌互助小組會上分發給大家，那晚，會上有一個過去從沒有見過的男人。

「當晚，這個男人帶著她的妻子來拜訪我，並決定開始嘗試布緯療法。她過去已經做過乳房切除手術，在手術的地方，出現了一個凸起的小包，她去見醫生，醫生說那是瘀血，並沒有太留意。

「一個月後，那個小包大了很多，這位女士又去見了另一位醫生，兩天後醫生告訴她，那是一種非常少見的成長快速的癌細胞。這位醫生告訴她時日無多，已無希望，但或許可以嘗試一種『阻隔細胞植入』的手術。這位女士非常悲傷和憤怒，因為第一位醫生的誤診，她浪費了一個月的時間。隨後，她開始服用亞麻籽油加茅屋芝士的配方，每天服用亞麻籽油的分量是六湯匙。

「後來，在『阻隔細胞植入』手術前她去做檢查，癌細胞竟然已經消失了！醫生感到很不可思議，但他對這位女士說，如果她不做點別的甚麼，他保證癌細胞還會重來，於是這位醫生給了這位女士一些東西去增強她的免疫系統，同時要在她身上試一種新疫苗。後來，當醫生了解到變化是因為用了布緯食療之後，才不堅持讓這位女士做新疫苗的白老鼠。

「最後一次我得到這位女士的消息是在一九九九年聖誕節前夕，她很好，並依然在堅持服用布緯食療。」

四

布緯療法起源於德國，在五六十年代的時候，已經在歐洲治人無數。但因為原料太不值錢，成品又不能成為一種專利，從中幾乎不能獲利，所以並沒有被引入醫藥行業。在美國，醫藥業是一個利潤非常龐大的行業，舉足輕重，甚至可以影響立法，除了傳統醫學，任何人不可以聲稱：某種物品或者某某在傳統醫學以外可以治療癌症。我在〈半畝田〉中介紹的案例是一九九六年前後被美國的「布緯療法支持小組」放在網上的，從歐洲到美國，布緯食療流傳了四十多年，以下繼續分享他們的案例。

「Debbie 在接受第四次化療前，醫生為她檢查了白血球的數目，如果身體在接受了以上三次的化療後已經在康復中，白血球的數目應該是減少的，但是數目沒有減少，三次化療之後，白血球數目甚至進一步上升了。於是 Debbie 決定放棄化療，正式開始亞麻籽油的療法。

「醫生警告她不可以這樣，但 Debbie 想，反正是豁出去了！後來腫瘤收縮得非常快，讓她感到非常振奮，雖然還沒有完全徹底消失，但腫瘤並沒有增生。當我打電話問她近況時，她說，讚美主！」

布緯食療的發明本來是為了治癒癌症，但因為食療改善了人的免疫系統，所以把很多慢性病也治好了，只是〈半畝田〉的讀者，在服用了不到一個月的亞麻籽油和茅屋芝士之後，已經治好了極其難治的玫瑰痤瘡、三十年的濕疹……

五

不少〈半畝田〉的讀者問：「化療的時候可不可以用布緯食療？」這是個很嚴肅的問題，關係著個人的生命，我只可以介紹布緯醫生的工作方法和一些真實的個案，但我無法也無權替任何人做決定。治癌症的方法肯定多過一個，但選擇是個人的。如果開始了亞麻籽油和茅屋芝士療法，布緯醫生不建議做化療，因為化療會影響身體正常細胞的復原。以下是具體的案例。

國外的案例：

「……這位女士有末期乳癌，癌細胞已經擴散到了骨頭裡，醫生讓她做化療，令癌細胞收縮，然後還要做另外一個手術，防止進一步的爆發式的擴散。同時，醫生也向她明說，化療並不會讓她活的更長，醫生說她只有幾個月的時間，而且化療以後，也不會有更好的生活質量。」

這位女士在化療和布緯食療之間穿梭，服用過一段時間布緯食療後，出現了一個關鍵的障礙：她很討厭茅屋芝士，只願意服用亞麻籽油，並且找其他的代替品，但布緯醫生從來沒有說過茅屋芝士可以被任何其他食物、或者其他奶製品替代。

在化療後，醫生說她只能活三十天，但她後來多活了廿二個月。「直到今天我還想，如果當時我們堅持讓她服用亞麻籽油加茅屋芝士，是否她今天還會和我們在一起。可惜不能重來，而兩種方法只能嘗試其一。」

互聯網上有關化療的討論鋪天蓋地，任何一個關心親人是否應該接受化療的人，都應該自己謹慎地做一番資料搜索，然後做出理智的決定。

六

「我被診斷出有Her2/neu陽性乳房腫瘤，有七點五厘米大，我接受了手術，但只有三分之一可以被切除。以後的三次化療後，毛髮都掉光了，而且病得更加厲害，免疫系統大受損傷。那時，我的癌細胞指數是78。服用了布緯食療三個星期後，指數竟然降到43！我知道這是布緯食療的功效，因為在這之前我只是接受化療，而指數從未下降過。從那時開始，我就停止了化療，之後的兩個月裡，癌指數持續下降，到現在只有23！

「我的一位朋友也是末期乳癌，已經切除乳房，準備化療，在她化療開始之前，我硬是逼著她嘗試布緯食療，連同我的飲食方法和運動，她都很認真的跟著做。但隨後她還是去化療，和我一樣，藥劑是阿黴素。傳統上，這種化療之後都會導致毛髮脱落，然而，她一根頭髮都沒有掉過，甚至完全沒有噁心過，沒有生過口瘡，任何白血球數目低下，可能產生的癥狀她都沒有！到後來，她的癌細胞指數低到甚至找不到了。

「同樣，我的父親原本被查出患有淋巴癌，他也採用了布緯食療，結果，過去那個巨大的腫瘤在他的掃描報告上只剩下一個小斑塊！我知道這個小斑塊很快也將消失！

「在布緯食療中，我交替地和著水果、小土豆、水果奶昔，生的蔬菜、或者有機的蜂蜜和餅乾吃。如果實在不想再吃，就捏著鼻子大口吞下去吧！Lynette。」

食療正確製作工序

肥艾迪試過布緯療法後，留意到一個值得注意的地方：亞麻籽油是一種非常容易氧化的油，如果在混合亞麻籽油和茅屋芝士的過程中，忽略了正確製作工序，會使療效降低。原因是，亞麻籽油內所含的有效脂肪酸因氧化，而不能和有機脱脂茅屋芝士內含的蛋白質結合成類蛋白酶。

本來的布緯療法推薦用手提攪拌棒，但攪拌棒的速度其實也非常快，一分鐘一千至二千轉已經算是慢速，用這樣的速度攪拌，會帶進太多的空氣，造成亞麻籽油氧化，損失一部分營養。肥艾迪建議，攪拌棒或者任何攪拌機只用在攪拌茅屋芝士上，程式變成：

一、先不要加入亞麻籽油，而只是攪拌茅屋芝士，目的是將茅屋芝士中的小圓顆粒全部打碎，以幫助下一步芝士與油可以完美融合。

二、將攪拌至光滑如奶油的芝士從攪拌機中倒出，按比例，加入亞麻籽油，手握湯羹（不要用金屬製品），將兩者攪拌均勻至完全無分離狀態。

這個步驟是最關鍵的，因為改為用手攪拌，速度比攪拌機慢很多，大大減少了攪拌過程中空氣的混入，令亞麻籽油的氧化程度大大降低，於是最大可能地保留了油中的有效成分。

我們都試過了這個方法，大約一兩分多鐘手動持續攪拌，完美的結合狀態就達到了。接下來的步驟就是一樣的了：將亞麻籽用咖啡機打磨成粉，迅速加入芝士與油的混合體中。再按個人口味需要，可加入芝麻粉、藍莓、黑莓、紅莓及各種水果，核桃、松子、杏仁等各種堅果。

玫瑰痤瘡敗了

「多謝你提供布緯療法，我的皮膚有明顯變化。我被玫瑰痤瘡（病癥像濕疹）困擾了三年，臉頰紅腫，中西醫不同療法花去十多萬也沒法根治。直至你介紹用油拔法後，情況有點受控，早晚各用上四十分鐘做油拔（二十分鐘一次；連續兩次），我用了油拔法兩個月，本來皮膚上痤瘡腫塊造成的凹凸不平沒有再腫起來，雖然皮膚表面依然很乾和粗糙，紅印還沒有消退，但我已很高興，起碼用一點點藥用化妝粉底便已經可以遮蓋紅印，外表看來像平常人一樣了，以前粉底只能遮印，腫起的皮膚塊便沒法遮蓋。

「一個月前閱讀布緯療法後，馬上到超市買茅屋芝士和冷榨亞麻籽油測試，做完油拔法後，先飲一杯暖水，然後用四湯匙茅屋芝士加兩湯匙冷榨亞麻籽油混合進食，晚上再吃一次。兩天後，清潔面部後皮膚沒有很乾的感覺，粗糙皮膚表面有點油光，我高興得流下眼淚……一直沿用這個方法到現在足一個月了，現時皮膚表面光滑，凹凸位置已平滑，紅印已消退很多，看起來只像有一點點敏感紅印。我會繼續療程，再 update 情況。謝謝你，大恩人！Jenny」

皮膚病是極其難治的，但是我們做到了，從根本上改變了患者的體質，沒有用藥，花的費用一個月不到五百港幣！請大家不要忘記謝謝布緯醫生，謝謝第一位把布緯食療介紹給讀者的 Kukuku 小姐，謝謝 Jenny 的分享，因為她的分享，又有更多的讀者有了新的希望。

濕疹敗了！

讀者 Stephy：「我是之前曾跟您作電話訪問的樹仁大學學生，我曾於二零零七年大病，因腸塞在泰國做了腸的手術，後來又因急性腎衰竭昏迷了三天，回到了香港，在浸會醫院又住了兩個多星期，但仍查不到究竟感染了甚麼病毒。腸胃壞了，吸收不到營養，兩年多時間都是過瘦，醫生還建議服用『類固醇』來增肥！但我和媽媽都知道，若服用『類固醇』，會有很多很多的副作用，後來堅持用天然的方法令身體好過來。

「經過兩年多的努力，身體終於有點起色，但仍然常感疲倦。加上要應付 A. L. 高考，身體又過勞了。考完了 A. L. 後沒多久，便開始患上濕疹（手部），幾年病情都是反反覆覆，時好時壞，冬天真的最難度過，手部會因不能自行保濕而乾至龜裂，出血，更甚的是不能屈曲手指！

「試過不同的『濕疹藥膏』，不停塗，每三十分鐘就塗一次（因真的太乾），但都沒有用。又試過看幾個中醫，都沒有甚麼效用，即使有，都只是很輕微的舒緩作用。那時真的很沮喪，自問已經十分聽話戒口，可是仍然沒有甚麼大幫助。之後開始睡不著，脾氣變得暴躁，更因為濕疹真的太困擾而常常哭。」

Stephy的來信繼續：「我嘗試過用金銀花煲水浸手止癢，但對我沒有功效。之後開始試布緯食療。

「早餐：兩湯匙 plain yogurt（原味乳酪），（要注意糖的成分，有很多原味乳酪其實加了很多很多糖，有的一百克可加十克以上的糖！）加一茶匙亞麻籽加五湯匙『6 Grain Muesli』（我買的是德國牌子，Viola，百佳等超市有售，約五十元一公斤，它當中都有亞麻籽，而且還有芝麻、葵花籽、全穀粒片等等有益的穀麥類）。

「吃了三至四天，濕疹已大有改善，早前因人在加拿大，天氣太乾而使濕疹惡化的地方，慢慢由龜裂轉至癒合，之後我再發現，吃了亞麻籽後，很快便可入睡，睡眠質素也大有改善，完全是意料之外。對女孩子來說，還有一樣意外驚喜，就是皮膚變得更有光澤和少了暗粒！即使現在我沒有特別去戒口，濕疹都沒有轉壞。另外，我之前的大便都不清爽，現在已正常，我猜，我的腸胃也因此受惠了。」

謝謝Stephy的分享！

布緯食療在實戰的過程中開始有了成績，也有了變化，Stephy用的是亞麻籽、原味乳酪、加含有亞麻籽的「6 Grain Muesli」（六穀麥混合Muesli，不知道怎麼翻譯，超市一定有）。我建議除非萬不得已，不要隨便改布緯食療，特別是癌症病人。

「布緯」成功，放棄

成功——

讀者Jenny用布緯食療治好了玫瑰痤瘡後，把這個食療介紹給一位朋友，以下是她的故事：「報告一下朋友的太太患孕婦濕疹情況，上星期你回覆我孕婦可進行布緯療法，朋友馬上去買材料，你實在太厲害，經你介紹過布緯療法後，茅屋芝士及亞麻籽油真的千金難求，跑了幾家超市（包括高級超市）完全斷市！他跑到我家來要貨，我讓出三盒芝士及一瓶亞麻籽油，但開出要一餐高級粵菜晚飯作交換條件！

（筆者按：怪不得她字裡行間心情很好，原來皮膚好了，又訛詐來一頓飯。）

他的太太進行療程第四天，皮膚已不再痕癢，紅疹亦稍退，她說連沒有病癥的皮膚也變得光滑起來。得知亞麻籽油對嬰兒無害，她會繼續進行療程，但芝士真的很缺貨，她現時直接飲二湯匙亞麻籽油，試過混入飯，但她不接受反胃吐出。」

（筆者按：直接飲亞麻籽油是可以的，也有效，如果有噁心的反應，可以在服用後多吃木瓜。亞麻籽油對發育中的嬰兒很重要，但記住：適可而止，吃多了是反效果，知識加常識是首要。成人每天兩湯匙很標準，但一切以醫生的意見為主導。）

放棄——

「老父服布緯療法後當晚，頭部劇痛，之前從未試過，姑娘要給他戴上止痛頭罩，才稍減痛楚，而我們也不敢繼續給他服布緯療法了。唉……（我自己也試服了兩匙，感覺到胃有點痛，我自己的胃平日也是不太好的）Thanks。Dicky。」

化療vs布緯食療

讀者羅小姐來信問：「想問一下，布緯食療可以在化療期間進行嗎？」這是很多讀者問的問題。

答：就此問題我反覆查看外國個案，有很多個案都是一面化療一面服用布緯食療，有很多個案顯示，服用布緯食療後會減低化療的副作用。

「她現在喝醫生所給的『Impact』奶粉，會有衝突嗎？」

答：這個我查不到資料。可以考慮分開時間吃，比如把布緯食療當早餐，隔一兩個小時以後，再吃醫生給的奶粉。原則上，根據布緯醫生的指示，如果採用布緯食療，就不可以用化療，因為只會破壞食療中重要的蛋白質元素。

「在療程期間，病人喝甚麼果汁會比較好呢？」

答：吃布緯食療的同時，可以加入藍莓、草莓等漿果，當然也可以加入其他的新鮮水果。根據中醫的經驗，化療的過程中最適合喝玉米鬚煲水，把它當茶水喝，與布緯食療沒有衝突。

「但亦有人說癌症病人不宜攝取太多蛋白質，怕會助長癌症細胞增長。」

答：不要攝取不好的蛋白質，要攝取好的蛋白質。布緯食療中的冷榨亞麻籽油和茅屋芝士的結合，所產生的蛋白質正正就可以修復壞細胞。癌症病菌搶肉吃，癌症病菌還搶吃一切酸性食物，包括白麵粉、白米、汽水、薯條、咖啡、一切煎炸食物、一切垃圾食品、食品添加劑等。

嚴重胃病問布緯

讀者 Fiona 問：「我一年前開始胃痛，是急性加慢性胃炎，一直無法進食，吃了九個月胃藥也沒甚麼好轉，後來開始貧血，身體非常虛弱，連行走一個街口的能力都沒有。三個月前開始中西藥雙管齊下，現在好了些，之前每天只可吃一餐，只能吃幾條菜，現在可吃三餐，但吃的份量都很少。我五呎三吋高，體重只剩下七十八磅，我從二月八日開始吃亞麻籽粉，早晚一次，每次一湯匙，現在肯口好了一點。我很想吃布緯食療，我不是癌病病人。請問以我的體重，應吃多少份量？」

答：本來一百磅體重只需要一湯匙油，但你已經是成人，又因胃病無法吸收營養，如果身體可以接受布緯食療帶來的好蛋白質，是一個有利健康的關鍵轉機，建議從一湯匙油開始，進而加到兩湯匙。

「我每天總有一次血糖過低情況出現，要吃一至兩粒糖或朱古力來止暈和止手震。」

答：是太餓的原因，持續下去會有胰腺炎，手尾就長了。馬上開始布緯食療很關鍵。

「第二，請問以我的情況食布緯療法需不需要戒糖、戒肉和戒口？」

答：原則上，只是癌症病人與重病者必須戒糖、戒肉和戒口（除了蜜糖和果糖）。

「第三，我媽媽患有糖尿病二十多年，她由二月八日開始吃亞麻籽粉，早晚一次，每次一湯匙，她說睡眠質量好了，晚上小便次數也少了些，她長期有便秘，現在每天都很暢順。她也想吃布緯療法，請問她需不需要戒肉和戒口？」

答：要遵從糖尿病患者的忌諱。肉也要少吃。

膀胱癌治癒見證

國外網上有一個布緯食療的支持小組，一些服用食療的癌症患者把自己的經驗放在網上。以下是其中之一。

「我叫佐治，七十一歲，住在麻省，二零零四年一月，我被斷症有膀胱癌，尿中經常帶血，在膀胱底部靠尿道處有一個腫瘤。醫生把腫瘤切除了，讓我去做AMAS，通過這種驗血方法，可以驗出身體中殘留的癌細胞，我每個月驗一次，但驗血報告一會兒是好的，一會兒是壞的，沒有一個準。

「到了二零零四年五月，尿中又開始帶血，我去紐約找Dr. Nicholas Gonzalez去做他發明的酶療法，每天要吃一百八十七種不同的藥片，吃得人都糊塗了，服用期間要絕對戒口不吃肉，我堅持這個療法到二零零四年十一月，治療中，我的尿還是帶血，而且愈來愈多，還有血塊，這個療法對我無效。我再去做檢查，發現尿道中又長出來一個李子那麼大的腫瘤，我看了很多個醫生，每個人都叫我做化療，然後把膀胱切除。

「我害怕死了，打死我都不想把膀胱切掉，但是又逃避不了，有一天，我實在沒有辦法了，就去抓來一本 Burton Goldberg 寫的癌症書，我端正坐好，把書放在大腿上，在心裡向上帝祈禱，請上帝引導我的手指翻到一篇能夠使我治好癌症、恢復健康的書頁上，我然後戰戰兢兢地翻開書頁……

「……第一眼就看見兩個字 Flaxseed Oil，亞麻籽油，我曾經聽過亞麻籽油，但從來沒有放在心上。

「二零零四年十二月中，我開始服用布緯食療：四湯匙的冷榨亞麻籽油，八湯匙的茅屋芝士，同時，我繼續戒口不吃任何肉食，服用有機素食，喝紅蘿蔔、芹菜加蘋果汁，我裝了一組食水過濾器，喝很多綠茶，每三星期吃一次白魚（肉是白色的），親朋戚友和教友們都經常為我祈禱。

「我自己也做冥想，在冥想中告訴自己，我一定會好起來的，同時調整我對疾病的心態，疾病是來告訴我們，我們忘了善待自己，要對自己好一點，這個領悟，來自我打開那一本癌症書的一刻，為了大步跨過這一劫，必須『Body, Mind and Spirit』從身心、意念、和精神全方面、全身每一個細胞都相信這個食療是一定會有效的。

「這個見證中有一個叫人遺憾的部分，就是在食療過程中，家人不斷給我壓力，讓我一定要繼續傳統治療，我被銬著手送到化療床上，從二零零五年一月，到二零零五年四月，三個月的痛苦化療中我堅持食療，但劑量加到每天八到十湯匙的冷榨亞麻籽油，茅屋芝士份量沒有增加（筆者按：這不是布緯醫生的標準食療法），我同時還喝一杯新鮮蘋果汁，果汁中加了鮮磨的亞麻籽粉。

「……在一月和四月之間，我做了一個CT，看見腫瘤已經小了三分之二，我樂壞了，明白這是布緯食療在發功，在四月的第二個星期，我停了化療，醫生以為我腦子燒壞了。五月，我去做了一個『MRI』磁力共振，看不見腫瘤，但是在膀胱以前長瘤的地方有一片黑印，有可能是良性前列腺肥大，但也有可能是隱藏的腫瘤，六月，再做了一個最後一個CT，看見那個黑印也消失了。上帝保佑布緯醫生。

「以下是我服食布緯食療的經驗：

八到十湯匙的冷榨亞麻籽油，十六湯匙低脂有機茅屋芝士，十五顆藍莓，一小杯鮮榨蘋果汁加在成品中，我喜歡成品不太稠，一茶匙蜜糖，攪勻。

（筆者按：以下沒有包括在原來的布緯食療）

同時服用營養補充品：400mg C_oQ_{10}，每天一粒。WobenzymeNEnzyme，每飯後三粒，一日九粒。IP6，晚間吃。多喝好水。最最重要的，是要相信自己，相信一定會重新健康起來。」

布緯醫生的食療法還要配合健康積極的生活態度。

曬太陽能獲取維他命D，冷壓法製出的高劑量魚肝油也能帶來維他命D，不要在中午的時候曬太陽，要塗抹防紫外線的護膚膏，防止曬傷。要運動但不要過度，要量力而為。在陽光下放鬆有治療功效，大自然、音樂、聊天、歡笑、一本好的書、和喜歡的人在一起，都有治療功效。

川貝治甲狀腺詳情

讀者二妹小姐來信分享她的川貝治甲狀腺高經驗後，很多讀者問其中的詳情，比如具體是怎麼做的？遺傳性的甲狀腺可以治嗎？甲狀腺低可以治嗎？

二妹特意為大家回信：「……十年前姐姐也像我一樣患了甲狀腺過高，這是家族遺傳病，我的姨姨及表弟也患上，不過她沒有我幸運，當時還不知道川貝食療，所以只好一直依醫生指示吃藥，把身體的抵抗力變弱了，加上飲食不當及壓力，後來潛藏在身體的癌細胞便漸漸侵佔了身體，發現時已是第四期的直腸癌了。」

二妹的姐姐後來成為勇敢的生命鬥士，二妹自己也再經歷了從孕婦糖尿病引起的牙周病，她已經答應為我們繼續分享從〈半畝田〉中啟發的治病的經驗，不過這是預告片了。

有一位讀者問：「留意到你的專欄文章『甲狀腺好了』，家裡小女也患上此病多年，她的病情好了又復發，可否告訴我們詳細的內容，例如是用多少碗水把川貝及瘦肉一起煲？如果需要放鹽又要放多少？最後是煲上幾多個小時？三小時夠嗎？」

二妹：「川貝每次以斤購買，奶奶說我服食時六十元一両，現在漲價至一百至二百元一両，多貴！如果只用川貝煲水會比較苦，十分難飲，加了瘦肉會甘甜些，川貝全部吃掉，瘦肉可以不吃，鹽我是不加的。」

「我的奶奶是這樣煲的：

每次煲三天左右份量：川貝一両、瘦肉適量、（真空煲）四碗水煲成三碗。

用真空煲：用大火煲，水滾轉細火煲半小時再放進真空煲焗，可以不時取出用明火再煲滾，再放進真空煲焗。

用瓦煲：水可以多一點，用大火煲，水滾轉細火煲一個多小時。

川貝比較硬，要煲久些，直至水變成白色。每日飲一碗，多出的可放在雪櫃，第二日加熱再飲。」

甲狀腺低，川貝也可以調節，二妹在喝川貝湯的同時吃西藥，過程中，變成甲狀腺過低，醫生讓她停了西藥，她繼續服用川貝湯，一直到恢復正常，以下是一個珍貴的康復記錄。

二妹：「有一些驗血的數據可以讓有需要的人參考：fT4（9.5-18.2）為甲狀腺合格水平。

12/06/08 fT4 → 28.6（吃藥）——甲狀腺高

14/07/08 fT4 → 14.9（吃藥及這時開始飲川貝湯）——甲狀腺合格

06/09/08 fT4 → 6.4（停藥、飲川貝湯）——甲狀腺低

26/09/08 fT4 → 11.7（飲川貝湯）——甲狀腺合格

15/10/08 fT4 → 12.4（飲川貝湯）——甲狀腺合格（開始減次數）

21/11/08 fT4 → 14.9（飲川貝湯）——甲狀腺合格

11/02/09 fT4 → 14.9（飲川貝湯）——甲狀腺合格

22/05/09 fT4 → 14.3（飲川貝湯）——甲狀腺合格

另外，眼會有一點凸出，飲川貝湯後便沒有了，可能是我早發現。頸腫則改善不了。」

在上一封信中，二妹說，在甲狀腺合格以後，「……我每日繼續飲川貝，驗血由兩星期一次、一個月一次、三個月一次、半年一次，直至上年我才停止驗血，甲狀腺亦一直處於正常水平。川貝我日日飲了三個月，之後慢慢減少次數，現在不用再喝了。這病與壓力有關，平日要放鬆些。」

二妹也服用布緯食療，也讓四歲的女兒服用亞麻籽油，但是：「……女兒服用亞麻籽油初期會嚷肚子痛，連老師也打電話來告訴我，我停了數天，從半匙亞麻籽油開始再讓她喝，適應後再回復一匙份量。」

肚子痛是亞麻籽油的份量太多了，已經斷奶的嬰兒和幼童，二十磅到三十磅間，每天吃四分之一至二分之一茶匙的亞麻籽油，兒童三十至五十磅，一茶匙；五十至七十五磅，兩茶匙；七十五至一百磅，一湯匙。

布緯食療與細胞

布緯食療為甚麼治免疫系統病有效？這個事實讓人既興奮又著迷。

布緯醫生是世界上最權威的脂肪和油的專家之一，她的科研顯示：「我們日常從商店買回來的食用油和含脂肪產品，對我們的細胞膜造成了嚴重的破壞，減低了我們身體中細胞的電壓，從而引起慢性病和絕症。

「我們忽視了一個重要的事實：我們的身體是帶有電磁場的。我們的細胞是帶電的，細胞的中心有一個細胞核，細胞核是正極電，細胞最外層叫細胞膜，細胞膜是負極電。我們只知道不良的脂肪會堵塞血管和動脈，但是我們從來沒有想過，不良的脂肪和油其實是從破壞細胞開始，每天在蠶食我們的心智和肉體健康。布緯醫生發現，不良的脂肪和油來自商業鍊油和加工食物，當化學程序把不飽和脂肪處理過，使不飽和的特性消失以後，細胞的電磁場也消失了。

「我們身體中有六十到七十五兆的細胞，細胞好比電池，人體中的油與脂肪是使電池正常運作的重要物質，脂肪通過與蛋白質結合，在身體中轉化成水溶性體液，如果這個重要的轉化被破壞，體液無法正常流進毛細管，就會引起血液循環的問題。我們身體中的脂肪缺少新陳代謝的結果，是身體的每一個重要功能，每一個器官都被影響。不健康的食油把我們細胞的電磁場都毀掉，慢性病和絕症就這樣開始。」

這是除了中醫和西醫的理論以外，一個石破天驚的發現。

食療中的木酚素

布緯食療有效，與一種叫做「木酚素」的東西密切相關。木酚素的構造類似雌性激素，是一種很好的植物性荷爾蒙，在全穀類食物、漿果類水果、蔬菜以及亞麻籽中都含有木酚素，其中，又尤其是亞麻籽的含量濃度居首，亞麻籽比其他已知含木酚素的六十六種食物高出一百至八百倍。美國、加拿大、歐洲多個研究機構對亞麻籽的研究報告表明：「木酚素對治療雌性激素依賴的疾病，例如乳腺癌、前列腺癌、經期綜合症、骨質疏鬆、糖尿病、胃腸腫瘤、冠心病等都有益處。」

最新的研究也證實亞麻籽中的木酚素和多介不飽和脂肪酸有助治療乳腺癌，具有抑制腫瘤細胞生長的效果。試驗稱：「每天食用三湯匙亞麻籽粉的患者，乳腺腫瘤明顯變小。」科學家也明確建議：「要將亞麻籽碾成粉才能使其有效物質更好地被吸收。」其中一位參與這些研究的博士表示：「研究證實，飲食的內容的確可以改變乳癌病情。」

布緯食療救了貓

「我家有一隻貓已十一歲，在去年六月的時候，因為口腔潰爛，已被脫掉所有牙。醫生說，不正常潰瘍可能是癌症。我想，即使化驗結果真是癌症，也是絕症，所以我沒有替她做化驗。她每天口水分泌不停，吞嚥困難。到本月（一月）八號左右已不肯進食，要用針筒餵食，很難吞嚥，以及有嚴重的爛肉口臭。

「十九號晚上，我開始早晚餵她布緯食療，份量是四分一湯匙芝士，加八分一湯匙亞麻籽油，到二十號晚上，及二十一號早上，她的口水少了七八成。這幾天也餵貓糧，每次吃不到二百毫升。二十一號，我在〈半畝田〉上看到不可吃肉，所以晚上不再餵貓糧。二十二號將芝士加到半湯匙，亞麻籽油加到四分一湯匙的份量，看到可進食蜜糖，晚上餵菊花蜜糖水。在二十二號日間，她的口水中含膿，到了晚上口水帶血，二十三號晚上，開始餵她蜜糖粥水，大約餵了三十毫升左右，吞嚥已好了好多。

「到二十五號，上網看到素食貓可食用海苔，因家中沒有海苔，改用韓國即食海帶加粥水攪拌成糊狀餵食。在二十四號晚開始將芝士份量加至一湯匙，亞麻籽油半湯匙。二十六號晚她已經可以吃六十毫升左右的海帶粥糊，幫她擦嘴時，離她大約半尺，她對住我叫，但是已經聞不到她有口氣。多謝你！希望可以幫到其他有需要的人！Franky」

讀者 Franky 不久後又有來信：「上次講到她的口水分泌已少了八成，以及沒有爛肉的口臭味。在接下來的日子都是早晚餵她進食一湯匙的芝士加半湯匙的亞麻籽油，以及每日三湯匙海苔粥水。但在二月第一個星期她的口水又逐漸增多，懷疑因為海苔的原因，在二月七號開始只給她三湯匙純粥水以及兩次一湯匙芝士、半湯匙亞麻籽油。」

（筆者按：經過加工的海苔非常危險，有讀者因為經常吃加工的海苔以致長甲狀腺瘤。加工食品對健康的危害不是危言聳聽，這一次連貓貓都中招。）

Franky：「到十號時她的口水分泌又已逐漸減少。在十三號時她竟然主動要求進食貓糧，這個情況在過去半年都沒有發生過。」

可是不久以後，又有了反復。

Franky：「這天給了她十多粒貓糧進食，是正常貓糧，並非素糧，在接下來的數天她每日進食貓糧大約二十、三十粒。給她貓糧時混合了素貓糧，但她會將素貓糧吐出。」

（筆者按：這隻衰貓也來扭計不肯素食，真是激氣！癌細胞搶肉吃，所以癌症病患者服用布緯食療必須素食，否則不如不服用，但總是有讀者問，是不是真的沒有例外？吃一點可不可以？其實，如果有重病的病人，或者嚴重皮膚病的患者，如果想病好，也不可以吃肉。這後面的道理，我已經講過一百次，所以，我不想再講了，如果想知道，可以買一本《嚴浩特選秘方集》參考。那美好的肉從前已經吃過了，該吃的美食，也吃盡了，現在為自己的健康與生命做一點犧牲，連這一點饞都不可以忍一忍嗎？〈半畝田〉中介紹的食療，是來之不易的。）

Franky繼續：「在這幾個星期裡，大約因為她多數只是進食芝士加亞麻籽油，她的大便五天到七天一次。在二十號左右開始每天給她大約四十、五十粒貓糧，有時胃口好則一次吃二十多粒，有時一次只吃十多粒。二十四號晚十二點左右餵她進食芝士、亞麻籽油，到凌晨二點鐘她開始嘔吐，將之前進食的芝士、亞麻籽油全部嘔了出來，跟著嘔了很多痰。」

貓貓與人一樣，在大病復原的過程中，身體很弱，一個不小心，有可能感染其他的病，比如最常見的是感冒。服用布緯食療時，每天曬太陽是治病的手段之一，不可以忽視。

Franky：「幫她抹乾淨之後，隔了一會她又再次嘔痰，如是者又嘔了兩次痰，有些發燒，嘔完之後非常辛苦，不停地叫。到五點時媽媽起床，見到她難受，給她進食了半粒黃蓮素，大約半小時後開始退燒，亦不如之前叫得那麼辛苦，到早上十點多及下午六點時餵她進食粥水。

「家中還有另外兩隻貓，在晚上十二點會餵貓糧，她一聽到貓糧的聲音馬上起床衝出來要吃，這晚給了她十多粒貓糧。這一天沒有給她餵食芝士、亞麻籽油，到了二十五號的早上，她在每一頓飯的時間都會自己出來吃飯、自己飲水，由二十五號開始每天給她餵食一次一湯匙芝士加半湯匙亞麻籽油，每日增加多一點貓糧，到二十八號時，已是一日四次，每次四五十粒左右，已是她健康時的食量，她的大便亦恢復每日一次。

「到這兩三天已會在吃飯前後出來到處玩，自己用舌頭清洗身體。今天貓貓已基本沒有流口水分泌物啦！非常多謝你們和布緯食療，希望更多的人從中得益！」

（筆者按：看到貓貓得救了，我非常高興，但突然我想起 Franky 說過，貓貓明明已經因為口腔潰爛，已被脫掉所有的牙，怎麼還能吃貓飯？我馬上追一個電郵問「貓貓不是牙掉光了嗎？怎麼吃貓糧？」Franky 回答：「貓貓冇牙都可以吞嚥貓糧！」原來貓貓沒有牙也可以吃貓糧，哈哈！）

非常感謝 Franky 的分享！

急性甲亢治療

讀者 Wallaces Chow 來信：「在二零零四年期間，本人急性甲亢，頸前出現約二至三吋直徑大腫瘤，中西醫治療二至三個月後無進展，決定放棄治療，改服治癌方，三個月後身體有改善，服一年後已好轉，現在仍無復發。

下列草藥各四錢：蛇舌草、半枝蓮、夏枯草、桑葉、金蟲草花、蓮葉、薑三塊、蜜棗二顆（金蟲草花如果藥房沒有，可以不要。）

水滾後，轉細火，滾四五分鐘，六碗水煲剩一碗，在三五分鐘以後，加放菊花四錢。

返渣：四碗煲剩一碗。把前後兩碗藥混在一起，再從新分兩碗，早飯後三十分鐘服用一碗，剩下的一碗蓋好放雪櫃，晚上飯後三十分鐘再服一碗，要先加熱，不用煲滾。服後大便見血即是好轉。」

我問：「您當時被醫生診斷為甚麼病？為甚麼甲亢變了癌症？」

Wallaces Chow：「當時經中西醫包括化驗，診斷是急性甲亢，全身好像火燒，很辛苦，經過中西藥合療約二至三個月，用了很多錢和時間，當時已心灰意冷，西醫再要做超聲波和細胞組織化驗，我心想死都要死在自己手上，不想被醫死，所以放棄做超聲波和細胞組織化驗，服了治癌方後約一至二天，發現身體火燒的情況有所改善，三個月後頸前的大泡消滅了一部分，約兩週排一次血便，但排血便後，人好像輕鬆了。」

非常感謝 Wallaces Chow 的分享！

甲狀腺療法跟進

讀者二妹多次介紹她用川貝湯治好了甲狀腺的經驗，但還是有讀者不明白放水的份量，二妹的原文是這樣的：

「每次煲三天左右份量：川貝一両、瘦肉適量、四碗水。」

讀者問：「是多少水煲成四碗水？十二碗煲成四碗水嗎？」

二妹答：「用真空煲因為不會揮發太多水分，所以四碗水左右已足夠煲成三碗水，每日飲一碗，多出的可放在雪櫃，第二日加熱再飲，用大火煲，水滾轉細火煲半小時再放進真空煲焗，可以不時取出用明火再煲滾，再放進真空煲焗。如果用瓦煲要多些水，大火煲，水滾轉細火煲一個多小時成三碗水。川貝比較硬，要煲耐些，直至水變成白色。」

讀者又問：「這個方治甲狀腺低也有效嗎？」

二妹答：「我的親戚（男性）和我（女性）都是甲狀腺高的，飲了川貝湯後甲狀腺便回復正常，但是甲狀腺低是否有成效呢？我真的不知道。」

（筆者按：甲狀腺低，川貝也可以調節，原因是：二妹本來是甲狀腺高，在喝川貝湯的同時吃西藥降甲狀腺，過程中，變成甲狀腺過低，醫生讓她停了西藥，她繼續服用川貝湯，一直到恢復正常。這說明，川貝是雙向調節甲狀腺的。）

二妹又特別叮囑：「建議飲了川貝湯的讀者一個月後再驗血，看看甲狀線的變化。如果讀者回應有關的結果，記得告訴我。二妹敬上」

甲狀腺是現代第二大流行病，二妹的偏方無比珍貴，很感謝二妹！

面部痕癢回來了

讀者Jenny服食布緯食療後來信說，想治療面部痕癢難當的濕疹，有以下疑問：

「如何知道布緯食療在產生作用中？」

答：通常，一個星期以內就能看見成效，皮膚開始改進。

「成品（茅屋芝士加亞麻籽油）是黃色及帶酸味的，這是否正確？」

答：正常，油是微黃的，茅屋芝士是微酸的。

「成品加入亞麻籽粉後很乾，可否加奶把它開稀才進食？」

答：不要加奶，奶與芝士中有不一樣的酶。

「甚麼時間食用會比較好？我是一天吃一次，在晚上吃（有時深夜）。吃了十天，體重已增加，不想增肥，如何吃較理想？」

答：布緯食療都是早上吃的，如果是重病，當然就變成早午晚三次。你晚上吃、深夜吃，是有機會增加體重的。布緯食療是優質脂肪，但還是脂肪，所以服用布緯食療的同時，即使不是癌症病人，也建議不吃肉、少吃肉，特別是晚上，我不建議吃肉。根據布緯博士的研究，我們免疫系統出了毛病，是因為我們每天都在吃不健康的食油和太多的動物脂肪，如果不加以節制，會影響治療效果。

「吃了十天，頭數天，痕癢的情況好轉了，但這一兩天，面部痕癢回來了，而且皮膚很乾及脱皮，口中生了痱滋（平常不易生痱滋的），是否有甚麼出錯？」

答：這是布緯食療在起作用了，在身體完全恢復以前，有可能病癥會加深，不能停食療。

我重新看了一下我們的讀者在服用布緯食療後成功治好濕疹的病例，發現她們有一個共同點——有一定要把健康恢復過來的決心和激情。重溫一下：

Ms Lai：「自成年以後，三十年來我都被濕疹困擾，三年前變成完全失控，全身百分之九十都被濕疹覆蓋。」但是在這個過程中，她反而愈來愈成熟，領悟到「……疾病是來告訴你，你的生活中出現了不平衡，可能是在飲食和生活方式上，可能是你對事物的看法走進了牛角尖」。在這個基礎上，「我吃了這個食療一星期以後，濕疹已經平復，十天以後，濕疹已經控制住了，還沒有完全復原，但是在天氣轉變的時候，濕疹也沒有像往常一樣惡化」。

Jenny（同名的另外一位讀者）：「我被玫瑰痤瘡（病癥像濕疹）困擾了三年，臉頰紅腫，中西醫不同療法花去十多萬也沒法根治。」她先用我介紹的油拔法，「早晚各用上四十分鐘做油拔（二十分鐘一次；連續兩次）」，兩個月後，「皮膚上痤瘡腫塊造成的凹凸不平沒有再腫起來」，然後她又在〈半畝田〉中發現了布緯食療，她「做完油拔法後，先飲一杯暖水……晚上再吃一次。二天後，清潔面部後皮膚沒有很乾的感覺，粗糙皮膚表面有點油光，我高興得流下眼淚。一直沿用這個方法到現在足一個月了，現時皮膚表面光滑，凹凸位置已平滑」。

有決心，有健康。

布緯食療戰癌症

Catherine：「你好。本人在二零一零年發現末期肺癌已擴散至骨，當時有一個標靶藥可治，但有效時間平均只有十一至十二個月，而且藥費非常貴，約五百元一顆。那個平均數字非常準，我在約一年後二零一一年五月再度擴散至骨，代表此標靶藥對我已經無效。醫生建議我做化療，他說這是新藥，是不太辛苦的，只會兩三天不舒服，治療後只會掉去三分一頭髮，應該試，但要先打兩至三針後才知是否適合，如果適合，每隔兩星期打一針，總共打六針，但藥物在身體中有效的時間是因人而異，有些有一年之長。

「我當時很混亂，無法明白他說甚麼，丈夫當然甚麼都想試。這藥也很貴，約二千多港幣一針，我當時打了一針，回家辛苦了一星期，待我比較清醒後，我跟丈夫商量，我覺得不應繼續，第一，要打兩至三針才知是否合適，浪費金錢以及我的體力和精神；第二，每兩星期打一針，即正常一星期，又要辛苦一星期，這種折磨我受不了，而且金錢也是很重要的。

「我決定不繼續了，我想要較優質的生活，（生命）長短不是問題，所以我跟醫生說不繼續了，他表現得很不可思議，說他『沒有個案打了一針以後便不繼續的。』之後我轉看中醫及吃中藥，每天都打扮漂亮與好友去看電影及吃喝玩樂。」

「我是全部跟從布緯食療的戒肉、糖，只吃有機蔬果、蜜糖、初榨橄欖油及冷榨亞麻籽油，沒有吃動物脂肪，現在還有四天的類固醇要吃。」

答：在服用布緯食療期間，不要吃其他的油，包括初榨橄欖油，如果炒菜只用水，不用油，更好。炒菜只用水是可能的，也沒有被逼降低生活質素一說，在台灣，水炒菜是一道名菜。同時，可以把玉米鬚煲水當茶喝（不是玉米，是玉米鬚），幫助袪濕，把十穀粥與小米粥輪流吃，粥中加芡實、淮山、薏米，也幫助袪濕。不可以吃海鮮、黃豆，但發酵過的納豆可以。蜜糖一次一茶匙就夠了。

「謝謝你的回覆。醫生說可能吃類固醇使我水腫，及會令我好胃口。但因很多東西都不能吃，現在我每天都用四湯匙有機、低脂、原味的茅屋芝士加二湯匙冷榨亞麻籽油加一湯匙磨碎的亞麻籽加一個橙切碎，我覺得加橙以後容易入口，再加一片全麥方包作為早餐；午餐及晚餐都吃十穀粥和有機蔬菜；然後晚餐前再吃一次茅屋芝士加亞麻籽油加磨碎亞麻籽。

答：可以隨個人口味加入像鮮蘋果汁、肉桂、檸檬汁、磨成粉的杏仁、核桃、各種堅果、除了花生。這樣可以讓食療可口一點。我自己是放磨成粉的熟芝麻，味道馬上就好了。有人會喜歡吃鹹的，就放一點海鹽，和一小撮胡椒。

「因我希望早點去掉面目浮腫，加強自信心也可活得開心點。」

我知道 Catherine 是一定會成功的！

薄血丸與布緯食療

如果在吃薄血丸，可以服用布緯食療嗎？

布緯食療中有冷榨亞麻籽油，但亞麻籽有薄血的作用，所以讀者中有患者擔心。冷榨亞麻籽油成為布緯食療之後，已經成為一種新的合成物質，以下是一封珍貴的布緯食療實戰來信。

湯太：「二月十九日，買到茅屋芝士，再做布緯療法，每次兩茶匙芝士，一茶匙油。二十五日開始生痱滋（口腔潰瘍），買藥膏搽，不行，再買專治痱滋的漱口水，也沒有用。三月二日的晚上開始停布緯食療，三月三日中午已好了很多，今天（四日）完全沒有事，是甚麼原因呢？

「我打算三月六日再做，因為我覺得做了療法之後已經不用瘋狂去廁所，平時早上起床後，喝了一杯開水，再吃一碗麥片後，就不停去廁所，到要上街的兩小時內，最少去六七次，晚上更誇張，睡前一小時，也要去最少五，六次，睡了後也要去二三次，每次去的量很多，真是去得人都要發神經，有時去得太多，晚上腳還會抽筋。

「醫生幫我驗血，做超聲波檢查，說腎正常。二十年前換了心瓣後，就開始吃盤尼西林（青黴素）吃了十六年後，我聽有個醫生說，盤尼西林吃得太久，對身體不好，於是要求停了。改吃蜂王漿丸後，我的關節沒有再痛。布緯療法後，廁所去少了一半有多，有時覺得太久沒有去，主動去，而不是整天急著去。我吃的量很少，都會有效果嗎？三月九日，驗血後，如果沒有影響薄血，我會加大份量，試試效果是否更好。」

湯太：「我上次提過三月九日去驗血，看布緯療法會否影響我的薄血，結果是沒有影響！我將芝士加到三茶匙，油加到一點五茶匙，早晚一次，效果跟之前差不多，但已夠我開心和感恩了，不用頻頻去廁所，上街的心情也放鬆了很多。布緯食療我吃的量不多，因為十年前，曾經每天都吃很多蒜蓉，以致嚴重內出血，醫生說我能生存是奇跡，所以現在吃未吃過的食物，都要小心翼翼，雖然不多，但仍然有好好的效果，真的感恩又感謝。

「我由二月十九日開始布緯療法，中間只停過四天，買不到芝士，另外三天因生痱滋（口腔潰瘍）而停，其餘日子每天都吃，加上早晚都吃十穀粥及飯，能維持到現時的健康，已心滿意足了。我每天看你寫的『油拔』法，準備等咳嗽完全好了以後再試，現時每天還有一些乾咳，我想慢慢會好的，在此再次感謝您！三月二十日」

不止一位讀者服用布緯食療以後會有程度不同的口腔潰瘍，半個月以後就慢慢好了，但在同時，本來的病也有不同程度的好轉。湯太因為換了心瓣吃了二十年的薄血丸，到了後來日夜瘋狂去廁所小便，這就是西藥的後遺症；女人如果長期吃降壓藥，到後來也不少會有尿滴漏，隨時失禁。湯太的來信說明兩點：一，服用布緯食療沒有影響她的薄血；二，在這個基礎上，把她吃西藥後的尿頻反應控制住了。

湯太的經驗值得借鏡，但是必須要像她一樣慎重，從少量開始，也要定時去測試。

薄血還是無影響

湯太因為換了心瓣吃了二十年的薄血丸，她從二月十九日開始布緯療法，在三月九日去驗血，看布緯療法會否影響她的薄血，結果是沒有影響，到了四月十五日，她再來一封信。

湯太：「很快又五個星期了，又到驗血時，報告出來，還是沒有改變。上次驗血後，我將芝士加到三茶匙，一點五茶匙油，最近十天，我還在芝士上加多一茶匙亞麻籽粉，仍然沒有影響薄血，但我不會再加份量了，因為我的尿頻已改善到我認為是正常的了，上街已沒有壓力，非常感恩及感謝你。」

湯太吃了二十年薄血丸，後來日夜瘋狂小便，女人如果長期吃降壓藥，到後來也隨時失禁。湯太的分享非常寶貴，她發現布緯食療可以治癒薄血丸帶來的尿頻，而且還說明用量：每次兩茶匙芝士，一茶匙油，後來她將芝士加到三茶匙，一點五茶匙油，再加一茶匙亞麻籽粉，仍然沒有影響薄血。

當然每一個人的體質不一樣，但湯太的態度非常科學，她很慎重，而且會觀察自己的身體反應。布緯食療補充了西藥和中藥的空白，但怎樣配合身體，就必須靠自己。

〈半畝田〉是一個幫助你健康的渠道，但不是你的醫生，〈半畝田〉只能在你的醫生幫不到你的時候，給你提供自救的方法，這其中，必須要你自己的參與和摸索。

湯太為甚麼要服用布緯食療？

湯太：「吃布緯療法之初，我是想徹底醫好我的咳嗽，直至現在到晚上，喉嚨還是像有些東西，要清出來，以前整天都是這樣，現在白天少了很多……」

湯太：「我從沒想過尿頻可以改善，本來已經愈來愈嚴重，我告訴醫生，我喝下一杯水，可以有五杯水出來，他說不可能，那即是冇藥醫（沒法治）。我女兒告訴我，薄血藥會傷肝腎，畢竟我已吃了二十年，而且醫生說，中國人很少吃到份量這麼大，同時亦吃很多的抗生素，那是副作用吧……」

嚴浩讀湯太的來信到這裡，不禁擲筆長嘆。既然知道中國人很少吃到份量這麼大，為甚麼還讓病人吃？現代醫學，是醫生抱著病人在泥漿中打滾。有時候不是醫生不知道有別的方法，是知道了也不敢用，用了就違反制度。我們每天叫喊民主，可是在醫療制度上，我們的社會還停留在中世紀。

湯太：「……我安慰自己，只要活著，已很感恩，只是我愈來愈怕上街，想不到，布緯療法令我出生天。再三感謝你。

「在二十年的抗病生涯中，發覺一些養生方法及天然食物比藥有效。二零零七年，我雙腳突然腫起來，一天比一天嚴重，腫到痛，所有鞋都穿不下，要買新拖鞋。醫生一輪檢查後，開了去水丸及鉀丸十天，吃了五天，好了，停藥，又腫，心想難道一輩子都要吃去水丸？吃了去水丸，甚麼地方也別想去，只能與廁所為伍。後來知道泡腳可以去水腫，只是浸兩天，已消腫！這麼多年來堅持，不曾復發，不用吃藥，可以重拾健康，多開心。遲些再分享，謝謝！」

湯太，期待您快點再來信分享，您的分享，可以替更多的人帶來健康。

有諸內，形諸外，精神健康，
身體的毛病自然少，
布緯食療，還要配合健康積極的生活態度。

行山路上的張敏儀

訪問張敏儀之前，我們想先碰碰面，敏儀告訴港台監製陳曼儀：「那個嚴浩，聽說喜歡行山，就約他去石澳海邊，從沙灘走去半山亭！」

那一天不算最冷，但初冬的石澳海邊，絕對不算風和日麗。石澳的半山亭沒有幾個人去過，沿著海邊一條小路拾級而上，途中敏儀向我們介紹：「這個房子是個大美人的」，大美人是老上海時代巨星，如今在安享子孫福。

小路旁的另一所別墅是一個大家族的祖業，姓楊，老人家吩咐過，祖業無論如何不可以變賣或者拆建。山路旁是一堵石壁懸崖，懸崖外面便是無盡太平洋，「很像地中海的景色」，敏儀說。

山路中間有一個政府花了不少錢做的燒烤點，「希望有一天，把一位好廚師請過來，在這裡為朋友們燒乳豬！」身旁圍著好朋友，面對太平洋的浩瀚，身後繞著青山綠水，吃燒豬，喝酒，講香港的典故，分享人生走過的路，讀過的書，欣賞過的電影，交過的朋友，旅遊過的國家，幹過的糗事，經歷過的榮譽，分享令自己哭過、笑過、感動過、憤怒過……種種的經驗與經歷，這是何等境界！

行山路上的張敏儀，充分展示了她真性情的一面。這是一位愛讀書、愛旅行、愛電影、愛音樂、愛朋友的秀麗女子，在她任政府高職的時候，表現出來的卻是一位老練能幹的巾幗鬚眉，對同事有情有義，從不推卸責任，誠如亦舒這樣形容，她是位「永遠的張敏儀」。

可敬的肥師奶

我赤腳行山走了六天，開始不怕凹凸不平的路面，反而有意識地找凹凸處踩上去。第七日，三號風球，下雨路濕，我站在門前猶疑是否放棄之際，腦中出現一組畫面：那是好幾年前，我每日早上去操場跑圈，有一個師奶也總是與我同時到達操場，講明是師奶，體態也自然十分師奶，跑的姿態也絕對不像李麗珊一樣英姿颯爽，具體一點說，這個師奶如果出現在麻將枱前，那麼環境與氣氛都天衣無縫，偏偏她出現在運動場上，好比一塊泛著油光的五花腩放在一碗豆腐花上，怎麼看也不順眼。

誰知道就是這樣一個師奶，自從她踩上跑道那一日開始，便每天準時到運動場，大太陽她打住傘去跑，下雨她也打住傘去跑，我不跑的時候，只要經過運動場，也一定看見她跑，半年後，我對她的印象完全改觀，從冷眼不屑到肅然起敬，一年後，她還在跑，我幾乎要對她頂禮膜拜，而一年後的這位師奶，外形也已經脫胎換骨，反而我那個肚腩，還老神定定地懸在半空。

回憶結束，回到當下，雨雲被風吹散，太陽露出了小臉，我抓住這個老天賜的空隙踢鞋出門，開始了第七天的赤腳之旅。比起跑步，我更喜歡散步。只要能找到一個適合自己的運動，便可以持久，持久運動換來持久健康。

人類最好的醫藥

「藍色占士」為甚麼是藍色？因為他很憂鬱，令他憂鬱的其中最大一個原因，是他的健康；「藍色占士」每天都要討論他的身體狀況，話題總是從昨夜多吃了半隻蕉，或者一隻蝦，或者兩片牛肉等等開始，引致消化系統出了問題，或者肋骨痛，或者失眠……總之是不舒服，但沒有甚麼大毛病。偶然他會覺得一天都很正常，很舒服，於是到了晚上便開始擔心：身體一天都沒有甚麼感覺，是不是不太正常？

占士總給自己的身體發藍色憂鬱暗示，健康怎麼會好？後來他陪我早上去行山，臉色一天比一天紅潤。占士吃過的藥林林總總，可稱「藥滿中西」，到頭來發現最好的藥是步行。這個發現遲了兩千多年，在公元前約四百年，人類醫學之父希波克拉提斯 Hippocrates 已經發現：人類最好的醫藥是步行。

走路可以增進身體所有部位的健康，比起跑步對身體造成的壓力負擔，有三倍之差。人體有六百條肌肉，大部分集中在下半身，人從下肢先退化，而鍛鍊雙腿可以預防衰老。兩千多年後，第二個發現雙腿重要的西方權威是艾森豪總統的心臟主治醫生，他提出了「腳是第二心臟」的說法。我的武當天罡拳馬大師在二十年前已經告訴我運動下肢的重要……總而言之，要身體健康只有三個字：「大步走」！

穿鞋的鬥不過赤腳的

我想策動茂哥早上陪我赤腳練仙，他忽然抖出一句無厘頭說話：「我現在的腳皮很薄，不敢去。」我唯唯諾諾，心想難道腳皮會隨年歲增長而遞減？原來這後面有個故事。

茂哥小時候在福建上學，經歷過一個「越窮越光榮」的時代，補釘衣褲在西方成為時尚之前半個世紀，已經在全中國流行，衣服褲子越爛、越多補釘越潮，剛穿上身的新衣褲也要打幾個補釘。那個時候的口號是無產階級統治一切，簡單地說，是後來經濟開放早期的「紅眼症」先兆，誰有錢誰倒霉，當時流行一句話，叫「穿鞋的鬥不過赤腳的」，茂哥說，那時候穿得起鞋的同學出門後都把鞋脫了藏在書包裡，否則會被一群赤腳的同學恥笑。

我赤腳練仙第十天，中間有一天腳底磨掉一塊皮，那一天便穿回了鞋，另一天掛八號風球，休息一天。今天換了一條上山的幽徑，這條路從前不敢走，因為太幽了，這是一條很老的山路，路上還看得見二戰時的防空洞，山路上鋪的水泥都已經被風雨沖散，露出墊在底下的小石頭，加上陡峭的坡度，以至「腳底按摩」強度陡增，來回走了一個半小時後，覺得腳底連小腿都發熱，一道溫純之氣更沿脊柱升至百會，腰脊自然挺直，腰背覺得很有力，這叫陽氣上升。我下肢經年怕冷，現在竟然暖從腳底生，自己覺得很可貴。

赤腳練仙果然有點道理，「穿鞋的鬥不過赤腳的」，現在有了新的含意。

一把年紀學走路

我一把年紀，只是到了一個月以前，才懂得正確的走路姿勢，學會了「整個腳掌走路」。

事起於兩年前，我為了纖體瘦身，每天去山上瘋跑，雙腿也被我拖著上坡下坡，一個星期過去，我的右膝關節便向健康拜拜了，從此，我開始了一個尋找膝關節健康之旅，因而發現膝關節痛有很多成因，除了運動過量造成，還有運動不足、血液循環不好、脾胃消化不良、冷氣進了關節、和中醫說的腎虛、陽氣不足，我自己衡量了一下，這些癥狀我大概都沾有一點，包括運動過量和運動不足，很明顯，我從前是運動不足，現在便是運動過量了。

兩年來，每待膝蓋不怎麼痛的時候，我都嘗試再上山，但是回家以後必然重新又痛起來，我估計這個受傷的膝蓋大概已經發展成東北人說的老寒腿，就是風濕，我告訴老婆，我大概不能再行山了，從此以後只能在山下走平路，看見每天一早一群群老人家在我身邊走過，精精神神的上山下山，情形實在令人萬二分沮喪。

全腳掌著地法

一個愚蠢的決定會讓身體受傷，要讓身體恢復過來，就得用一百倍、一千倍的時間和努力。

膝蓋因為運動過度受傷後，我去照過X光，知道沒有骨頭的問題，我又去看過理療、跌打、大陸的傷科按摩、與拍打瘀血療法，最重要的是不再讓腿過勞，但只要不太痛，我仍堅持每天走平路。

為甚麼在行山的時候關節會受傷？網上資料說，我們走路，只懂得腳尖或者腳跟著地，用全腳掌著地便不會令腿關節受傷，全腳掌著地怎麼走路？好像運動會上的競走，便是全腳掌著地。

在膝蓋受傷的兩年後，憑一個「哪裡跌倒哪裡爬起」的意念，我重新爬上山坡，想知道我是怎麼受傷的，我在最陡峭的一段坡上脫了鞋，光了腳走下坡，這時候我發現身體出現一個本能：一雙腳掌為了怕痛，自然便全腳掌與地接觸！我們平時穿鞋保護了腳掌的皮膚，但忽略了下地的力度與姿勢，在行山的時候，特別是下坡的時候，膝蓋便承受了太大的壓力。

我繼續用這個方法走了一個月，原來膝蓋痛的地方沒有再痛。俗語説，上山容易下山難，原來就是難在下坡的時候腳掌的姿勢，一個小細節，可以讓我們健健康康多玩很多年。

行山自保與膝痛

每天早上都有很多人去行山，有人行出個腰痛、膝蓋痛。膝蓋痛是下坡的時候先用腳尖下地，身體重量加下坡時的地心吸力，都由膝蓋來承受，哪怕膝蓋是鐵做的，再過幾年也玩完；腰痛是因為上下坡用腳跟觸地。

下坡一定要全腳掌下地，膝蓋微曲，重心向後，好像小朋友玩無影凳一樣。如果因為是行山而致膝和腰關節痛，一定不可以去西醫處打類固醇，打一次以後就無法斷尾。應該先照X光，如果骨骼正常，便去看理療、跌打、或者大陸的傷科按摩，要找信得過的，直接去正規醫院最好，千萬不是羅湖城那種按摩，傷科按摩是治療性的。

這樣在醫生中走了一圈以後，如果沒有甚麼好，也沒有甚麼不好，就開始了一段漫長的積極休息過程，所謂積極休息，就是停止上山，但只要不痛，每天照樣去走平路，絕對不可在家打蛇餅。

同時去買一瓶跌打水，塗抹在關節周圍和肌肉上，用手輕輕拍打，拍不久，會開始叫救命，但是不能停，一直拍打到瘀血出現在肌肉表皮上，所以最好找一個和你有仇的人，你再叫救命也不會停那種。一段日子過去，待瘀血消失後，再打一次！更要四字切記：小心保暖！

有一天我在街上被個路人一把抓住，說這個辦法有用，膝蓋被拍打好了！

人間面目，模糊者多，嘴臉每每，由人畫上。

生命色彩，態度取決。

甚麼是養生

甚麼是養生？養生並不複雜，只是提醒人們在吃、穿、住、行等日常生活中有一種健康的生活方式。人是怎麼過每一天的？世代相傳都是「日出而作，日落而息」，雞叫起床、天亮吃飯、日出下田、日正吃午飯、掌燈開晚飯，早睡早起。後來有城裡人到農村、也有農村人去城裡，城裡人喜歡晚睡，晚睡自然晚起，不吃早飯，肉多了、菜少了、白米白麵多了、粗雜糧少了，運動沒有了，人也發福了，身體也壞了。

養生是要把好的生活習慣保留傳承、建立健康的生活方式：

一、精神養生：生活樂觀、性格開朗、一切順其自然、知足常樂。

二、起居養生：中醫提倡睡子午覺，晚上十一之點前一定要睡覺，中午要午睡二十分鐘。

三、飲食養生：第一是重視早餐，平時營養搭配合理，五穀雜糧、各種菜疏水果、吃的食物和做飯的方法花樣變化多樣。人是雜食動物，切忌食物單一，食物沒有絕對的好與壞，只有搭配的合理或不合理、烹調是否科學。

四、適量運動：走路、打球、打拳、游泳、跳舞都是最好的有氧運動。養生貴在堅持，堅持源於合理，例如你住在沙頭角，堅持每天去淺水灣游泳，是不可能長久的。

養生就是兩句話

養生歸納起來就是兩句話：「病是怎麼來的，病是怎麼走的？」或者說：「健康是怎麼失去的，健康是怎麼回來的。」

無論再顛來倒去的說，關鍵字是「怎麼」兩個字，有了「怎麼」這個意識，就帶我們開始了一個發現之旅。

比如每天早上不知道有多少人行山，人人都好好的，怎麼只有我行山行出一個腿痛來？腿痛怎麼治？這就已經是兩個怎麼了。腿痛原來有多個成因，多個成因是哪幾個？分別是怎麼形成的？這樣一個一個「怎麼」問下去，就開始了一個健康之旅，這是一個充滿知性的旅程，會從中學會很多知識，得益的也是自己，是人生中最實惠的發現之旅。

不要因為滿街醫生，便以為健康唾手可得，反比起走養生之旅的一步一個腳印，還不如坐個的士看醫生方便快捷；要知道自己的健康自己負責，完全依賴醫生，等於投資股票，只知道進，不知道出，有一天醫生在你的身上用盡了他的才華和各種的藥就把你放棄了，這不是電影情節，這種事每天都在我們身邊發生。大部分的病，包括癌症，都可以憑著改變生活方式和飲食結構而治好，有了這個認識，就開始了養生之旅。

考你養生的知識

一

如果你是「嚴浩秘方集」的長期讀者，我們現在就來做一個測驗，以下這位讀者翠蓮小姐有腸胃病，看了西醫、中醫都治不好，如果你看過筆者專欄的文章，你一定可以幫她治好，因為她這個病的起因，我已經在文章中說過。如果你的診斷對了，你幫了一個有需要的病人，也證明你的養生知識已經不是一般人恣及。來信如下：

「本人三十八歲，已婚，做家庭主婦已十四年，有兩個女，生活很好，丈夫對我很好，但這一年腸胃問題非常困擾，希望請你教導一下。胃的消化，胃酸多和胃氣脹已困擾我四年，嚴重時會一起床已感到胃酸湧上喉嚨。下身無力，上樓梯時腳痠痹無力。看過中醫，說我腎虛，食過中藥，我亦查看過中醫開的藥方，十五種中藥中，有十一種是補身藥。好了過來，但過不久以後，事情又再重複……」

答：病根沒有消除，補藥只起了強迫身體器官運作的功用，好像用鞭子打已經沒有氣力的奴隸，只會讓身體進一步惡化。所以我總是說不能亂補。果然，這位讀者的身體就好像我說的一樣，補了以後，比以前更糟糕了。

翠蓮小姐的中醫讓她服補藥，結果身體更糟糕，她的來信繼續說：「以往大便正常，每日一次，也會感到腸在蠕動，但今年新年過後，胃的問題就連吃中藥也幫不了，還每次進食時，第一口必定有一次頭暈，天旋地轉的，合眼休息便無事，再食第二口便無事了，只是頭一口……」

答：我們平常說到一些讓自己心煩的東西，會搖頭說「見到就頭暈」，我們的身體器官何嘗不是？腸胃病越來越嚴重，食物、補品都還沒有消化，嘴一張又來了一堆東西，胃馬上「見到就頭暈」。不要以為只有腦細胞才有思想，有情緒，我們每一個細胞都有這個功能，只是我們不去感應她們、照顧她們的需要。

「大便維持每日一次，但黏性好高，大便很細，便後難清潔，每日都放很多屁。到了今年七月開始，我發覺放屁沒有了，我亦感覺不到腸在蠕動，便秘嚴重，每三至四日才很辛苦去一次，便量很少，大便稀爛，黏性高。最辛苦是肚子經常脹到好大，好像打鼓，就連飲一杯水，肚子都脹一天，我感到腸好似死了一樣……」

二

翠蓮小姐感到腸好似死了一樣，肚子經常脹得好像打鼓，就連喝一杯水，肚子都會脹一天，看中醫看不好，她去看西醫，西醫怎麼說？

「我看西醫，說我有情緒病，要開藥給我，但我好清楚自己，並沒有此病，所以拒絕了醫生的藥，醫生只好開止痛藥給我，但我沒有吃過……」

翠蓮小姐有情緒病嗎？

回頭看看前幾頁的翠蓮小姐來信，如開門見山就說：「……做家庭主婦已十四年，有兩個女，生活很好，丈夫對我很好……」生活很好，丈夫對她也很好，翠蓮小姐怎麼會有情緒病？西醫沒有發現病人的器官有病，只好把止痛藥當糖一樣開給病人。

藥是不可以亂開的，連維他命丸都不可以亂吃，文明的特徵之一就是方便，西醫的藥房裡都是現成的藥，有些醫生按照治不好但也治不死的原則，隨手就把藥開了出去，這是文明帶來的輕率。不過不開藥，怎麼收診金？怎麼維持昂貴的租金？不過事實上，病人看見醫生不為自己開藥，在心理上也可能沒有安全感。所以醫生也不好做。

但翠蓮小姐先拒絕了「情緒藥」，再拒絕吃「止痛藥」，在她的心、身都最需要醫生幫助的時候，可見她沒有被病嚇得失去了理智。她又再去看中醫，中醫又怎麼說？

中醫竟然說她死定了！

「中醫說我冇得救！隨年齡增長，身體會越差，到六七十歲便要瞓床（癱瘓了），我聽了之後，真是嚇得半死……」

答：有些中醫與藥店有聯繫，補藥的利潤大，藥房會給醫生回扣，於是醫生每開方必定是補藥，你如果不願意吃，他就說你死定了。當然翠蓮小姐福大命大，不會遇到這樣的事，這位醫生大概只是誤診。

醫生不容易做，病人也不容易做，我的親妹妹才四十來歲，會突然暈倒，但是因為要照顧孩子以致無法照顧自己，我跟她說，自己病倒，受累的是家人，如果真的愛家人，必須也同時照顧自己。做醫生的也要知道，你如果為一些錢財而耽誤了你的病人，受累的會是病人的一家，舉頭三尺有神明，你自己知道會有甚麼結果。

三

翠蓮小姐便秘去看中醫，中醫不替她清和排，卻教她補。我曾經寫過，現代人是營養過多，身體過補，要重視的不是補，是問如何保持正常的排洩。後來我和翠蓮小姐通信，我不想嚇她，但我知道如果她的大腸繼續不蠕動，就是腸癌的先兆。

翠蓮小姐的來信繼續：「……我真是很擔心。看了你在雜誌中有關健脾的文章，內文說的癥狀同我極相似，我再看了你出的兩本書後，我便選了以下的食法去幫助自己。

「早餐六點半，一杯暖水，再做飲水提肛法，吃兩個金奇異果，一杯紅豆薏米粥加一茶匙黑芝麻粉。過一段時間，一碗健脾粥，其中有糙米、鮮淮山、薏米、茨實、薑。

十二點鐘：中午吃兩個金奇異果，再吃飯。

六點三十晚餐食一碗健脾粥，加送飯的小菜。

九點三十至十點鐘睡覺。

「請問，我是不是脾胃很差？我這樣食法可行嗎？我還可以做甚麼幫助自己？」

（筆者按：薑有預防腸癌的功效，她吃的東西也對，除了芝麻要一湯匙才夠。）

我問她：「你這樣飲食後有改進嗎？早飯應該吃十穀米，吃法《嚴浩特選秘方集2》有，加初榨橄欖油，熟的芝麻打粉、熟的番茄一個，要吃水果。你以前是怎樣飲食的？有運動嗎？一定要運動。」

翠蓮小姐回信：「好高興收到你回覆。上次寫給你的信中，說到我目前飲食的方法，直到現在都是這樣，有時會用你另外兩個食療。

一、健脾長壽粥：小米、黨參、鮮淮山、紅棗（這是你雜誌專欄中的其中一篇文章）

二、十穀米（是你信中介紹給我的）

三、健脾粥：糙米、鮮淮山、薏米、茨實、薑

「這三樣會轉換吃，早晚食一碗，再加兩個奇異果。

「我現在的肚子沒有脹脹的，變成很柔軟，胃酸也沒有太多了。我最開心是感覺到腸有蠕動了，還重新有了便意，這感覺太好了，重新有每天一次便便，淺黃色，但便便都是稀爛，便後難清潔，還很臭的。」

很臭是宿便排出來了，很好，便後難清潔，是脾虛。

四

翠蓮小姐用了我推薦的食療以後，肚子不再脹脹的，變成很柔軟，胃酸也沒有太多，「最開心是感覺到腸有蠕動了，還重新有了便意，這感覺太好了，重新有每天一次便便」。

還是那句說話，在我們自己認識的親友中，您聽過有哪一個因為吃補品而病好了？現代人不是補的問題，是保持正常排洩的問題。

不過我還是不明白她的病因，到底是甚麼引起的？我想聽她的身體怎麼說，我請她回憶一下一直以來的生活習慣。翠蓮小姐寫來了一封很長的信。

「運動方面，以前我是跑步的，慢跑可維持一個半小時，但自從左膝蓋痛，就沒有再跑，亦少了做運動……」

（筆者按：慢跑不如走路來得好，慢跑一個半小時，膝蓋受傷是遲早的事，你要小心為上。）

「平時我行路極快，去車站的路程，平常人行十分鐘，我只需五分鐘便可。看了西醫，說我關節退化……」

翠蓮小姐今年才三十八歲，何來退化？她的醫生有沒有先了解她的運動習慣？

「退化」這兩個字太好用，當醫生不知道患者得病的原因，不懂得療法，就可以向病人宣佈「退化」，退化的意思就是不會再好了，你叫病人心理上怎樣接受？

要體諒醫生也可能出錯，但這位醫生可能已經年紀很大在等退休，也可能是年紀很輕所以態度也很輕率，但更可能是根本不喜歡自己的工作，所以從來沒有想過要豐富自己的知識，不知道他從醫學院出來以後還有沒有看過一本醫學方面的書？更重要的是，有沒有和行家交流經驗的習慣，或者從看病的過程中注意豐富治病的經驗？

做醫生的要見識豐富一點，對病人的責任感要大一點，對自己的工作要多幾分喜愛，不要尸位素餐，這樣就不會被人指著後背叫「庸醫」。翠蓮小姐的膝蓋根本就不是退化！一個不認真、對工作缺乏熱情的人，腦袋才會退化。

五

這個醫生找不出毛病，就硬說翠蓮小姐是「情緒病」，翠蓮小姐說「我沒有情緒病」，醫生就給她開止痛藥，翠蓮小姐勉強把止痛藥帶回去，可是一粒也沒有吃。你說做病人的是不是很無奈、很無助？

翠蓮小姐是運動過度加上消化問題引起的膝蓋痛，這個病是可以治的，我早就在專欄中寫過「膝關節痛療法」，所以連讀者都懂得其中的道理。

從翠蓮小姐的來信中可以看到，她屬於情緒即興型，高興的時候，「慢跑可維持一個半小時」；又不是訓練跑馬拉松，跑一個半小時幹甚麼？如果一定要選擇慢跑作為健身，每天或者隔天跑二十到四十分鐘已經足夠。運動有一個大忌，不可以一天打魚三天曬網，不可以有一天超量運動，然後好幾天都不動一動，這樣關節與筋腱一定受傷，所以她「後來膝蓋痛」。她說，她還「平時行路極快」，她犯了第二個大忌。

要知道，一切爆發性的動作都會令自己受傷。想想看，翠蓮小姐從家裡出來，之前又沒有做熱身運動，從靜態突然疾走，急者成「疾」，所以後來膝蓋得了疾病會痛，這是其中一個原因。她犯了運動的忌諱所以有腿疾，但是她繼續自述「下身雙腳無力、走不動」的情況，卻偏偏不是患了腿疾的原因，就是這個不是腿疾的「腿疾」，令西醫、中醫都束手無策，以致西醫要開「止痛藥」給她吃；而中醫卻說她是腎虛，讓她吃一堆補藥。

翠蓮小姐繼續說：「我從二十五歲生了第二個女兒後，已發覺下身雙腳上梯級無力，上完五級樓梯已雙腳痠軟，現在這情況更加嚴重了，連走平路都感吃力，試過要坐在公園休息一會，才可繼續行走……」

這癥狀從表面上看，患者走不動，加上是位生過兩個孩子的媽媽，那還不是中醫說的虛？偏偏不是。既不是腿的問題，又不是腎的問題，但這個走不動，其實直接指向了病灶，可惜，醫生們都忽視了。

六

翠蓮小姐的來信很詳細，把她的病癥描寫得很清楚，我相信她當時也跟中醫講了以下同樣的話，所以中醫也很容易被誤導。

翠蓮小姐：「……天氣凍，左膝蓋還會有點僵硬感，現在連右膝蓋都開始痛了，生兩個女都是開刀剖腹產的，我當時還年輕，不知道補身的重要，所以我沒有吃甚麼補品，生了第二個女兒後，我兩面顴骨位長了很多褐斑，現在斑點已長至半塊面了，有一塊、也有一點點的，中醫說腎虛……」

她所講的一切癥狀都像是腎虛，難怪中醫一聽就說她是腎虛，而且生了第二個孩子以後還沒有吃過補品，這對香港人來說，簡直是不可思議，如果身邊有師奶聽見，大概會馬上竊竊耳語，說：「生了孩子也不會補，怪不得她臉上要長黃斑，真是咎由自取！」中醫聽了她這番表白，大概也會眼睛一瞪，人向椅背一靠，雙腿一伸，搓著兩手說：「好吧，是你自己說沒有吃補品的，那麼就好好補一補吧！」就這樣，中醫為她開了一劑昂貴的藥，十五種藥材中，有十一種是補藥！吃補藥補腎，補好了嗎？

如翠蓮小姐第一封信說的：「好過一陣，但過不久以後，事情又再重複。」

我在之前已經說過，病根沒有消除，補藥只能起強迫身體器官運作的功用，好像用鞭子抽打已經沒有氣力的奴隸，只會讓身體進一步惡化。

到目前為止，翠蓮小姐向醫生講過的病癥已經包括腿痛和便秘，但是對西醫的斷症，她自己不相信，醫生開的西藥她不肯吃，中醫又治不好，她跟著又說了一個病。

翠蓮小姐：「……同時我的胃以前從無胃病，比如甚麼胃酸多、胃痛之類的，經六年前一次和家俬公司交涉貨品問題後，就每日胃痛發作，極之準時，六點至七點必定胃痛，無論食飯前、食飯後、飽肚或空肚，都定必胃痛，食止痛藥、飲奶、食餅……一律無效，一痛就會三四個小時，胃痛完就腸痛，腸痛完，便會自然停止。看西醫說消化不良，中醫也說我的胃消化不好，會影響吸收營養，長期營養不好，到六十歲定必睡在床上過日子。」

六十歲正是人生盛年，竟然被醫生判刑：「未來到了六十歲定必睡在床上過日子？」

簡直是%@!!!！

七

如果換了是你，聽到中西名醫針對你的健康大事，你一句、我一句，說你到六十歲定必在床上過日子，而你現在才三十八歲，家人孩子都需要你的照顧，你會不會腳軟？

坦白講，我會，就算我明年就六十歲，也一樣嚇得腳軟。一個人自己覺得身體有問題，但是西醫找不到毛病，中醫又治不好，然後又聽見醫生有這樣的預言，等於是被醫生關在了門外，這好比有一天你受到壞人的恐嚇，你去找警察，希望得到警察的保護，卻聽見警察說，保護市民是有條件的，例如如果你長得醜就不保護你，你會不會覺得又荒謬、又恐怖？任何人遇到這個處境，都會覺得好像腳下的地忽然沉了下去，世界那麼大，有誰可以保護我？即使想臨急抱佛腳，也得首先找到佛陀他老人家。

我們為甚麼要注意養生，就是預防有這樣的一天。醫生只能輔助我們，把健康掌握在手裡的，永遠是我們自己，不能是醫生。

翠蓮小姐驚魂未定，想起有病以後除了西醫、中醫以外，還有一種叫養生療法，於是讀者們便看到了以上的來信。

翠蓮小姐繼續寫道：「請問，我這些情況，注意飲食後是不是可以改善呢？我還有甚麼要多加注意？這信寫得太長了……你問我的飲食習慣，我回想清楚，平時少水果、少蔬菜、少肉、不吃魚，喜歡吃煎炸食物、粥、麵、餅乾、極喜歡麵包、饅頭（有時後還會用它做正餐）。

「五年前已戒了凍飲，一年會有一至兩次吃雪糕，吃了九年清水煮麥皮早餐、加三文治或麵包，夏天只做瓜湯，冬天多煲青紅蘿蔔湯、西洋菜湯、花膠湯、椰子雞湯，很少喝涼茶，一年不到一次。

「我極喜歡吃蘿蔔糕，我記起在年頭，自己一人吃了三底，到今年十月，自己再做，三日吃了四底，不知是否吃壞了？」

「吃了九年清水煮麥皮做早餐」，可憐！即使是為了養生，也不需要虐待自己，如果是很喜歡吃麥皮，不要用滾水泡熟那一種，用需要煮熟那一種。煮的時候，在裡面放一撮枸杞子，放一小撮鹽，鹽可以帶出食物的甜味，這樣的麥皮，再吃九年都不會厭。

引起她生病的起因終於冒出水面了，答案就在以上幾段文字中！你看得出來嗎？

八

到底是甚麼引起翠蓮小姐的病？答案已經在她自己寫來的信中，如果你能看出來，你就幫翠蓮小姐治好了連她的中西醫生都治不好的病，而且，也證明你在養生的路上已經開始有成績。

先再看一下她的來信：「平時少水果、少蔬菜、少肉、不吃魚。」這三個「少」、一個「不」，除了少肉是加分，其他全是減分；少水果與蔬菜使人體缺少水分、使腸道缺少纖維，以致血稠、新陳代謝減慢，水果和蔬菜幫助人體抗癌和抵抗疾病，吃很少水果和蔬菜的人容易患癌。

維他命和礦物質無法代替天然食物，天然食物不只含有維他命和礦物質，也含有許多保持身體健康重要的物質，這些都是維他命丸缺少的。所以，缺少水果和蔬菜，人容易生病。

魚中有奧米加3，奧米加3是血管洗潔精，洗掉不良膽固醇與脂肪。水果、蔬菜和奧米加3好比是為身體打開通風的窗，讓酸敗的空氣與垃圾有排出的機會，所以這兩個「少」、一個「不」，已經註定這個身體的主人一定會得病。

不過這還不是把身體推到絕地的原因，她說過：「……喜歡吃煎炸食物、粥、麵、餅乾、極喜歡麵包、饅頭（有時候還會用它做正餐）。我極喜歡吃蘿蔔糕，我記起在年頭，自己一人吃了三底，到今年十月，自己再做，三日吃了四底，不知是否吃壞了。」

她的來信看到這裡，我已經明白她的病因：不是煎炸食物惹的禍，雖然喜歡煎炸食物已經夠糟糕，她的問題是「極喜歡麵包、饅頭（有時後還會用它做正餐）」！我曾經回答過另一位讀者的來信，「麵包缺少足夠的纖維，會阻礙腸道蠕動，造成食物黏滯，形成便秘，最終更可能導致腸道腫瘤甚至癌變。這位讀者每天享受麵包、糕點，肥胖是一定的，胃酸倒流是結果，也是身體的最後警告，再往下發展，便是腸道腫瘤甚至癌變。」

如果很喜歡吃麵包，要改吃全麥麵包，但翠蓮小姐不但喜歡吃麵包，還喜歡把饅頭做正餐，而現代城市中的饅頭肯定是細白麵粉做的。

九

翠蓮小姐的最愛是麵包、饅頭，所以她的來信中說：「本來大便維持每日一次，但黏性好高，大便很細，便後難清潔，每日都放很多屁。到了今年七月開始，我發覺放屁沒有了，我亦感覺不到腸在蠕動，便秘嚴重，每三至四日才很辛苦去一次，便量很少，大便稀爛，黏性高。最辛苦是肚子經常脹到好大，好像打鼓，就連飲一杯水，肚子都脹一天，我感到腸好似死了一樣。」她描寫的，全是麵包饅頭堵在腸中、混合了水以後的模樣，這時候如果有蔬菜、水果或粗糧類的纖維幫助腸道蠕動，就可以把麵包推出體外去了。

這道理就好像一隻狗在地板上走，養過狗的人都知道，如果地板太滑，狗爪沒有阻力，狗很難跑得起來，但是如果換了是水泥地，狗爪不打滑，狗就能跑了。正常人的腸道是會蠕動的，有時候我們聽見肚子會咕咕叫、會放屁，那是因為腸壁蠕動帶起了氣動，是好的，證明我們的腸道在正常工作，但是如果腸子中都是黏黏的麵包，蠕動的腸壁好比是在光滑的地板上打滑的狗爪，無論如何都無法把麵包推出體外。

當腸道中全被麵包塞滿，腸壁被擠得連蠕動的空間也沒有，腸就變成好像死了一樣，「最辛苦是肚子經常脹到好大，好像打鼓，就連飲一杯水，肚子都脹一天」。

腸癌就是這樣開始的，太多無法推出體外的食物，腸子就病變了。

翠蓮小姐愛麵包愛到甚麼程度？就在之前每天在專欄討論她的病的過程時，她根據我書中推介的飲食方法把病治好了，病一好了她就馬上去參加一個「學包餅蛋糕證書課程」，學做麵包和蛋糕，而且還非常的用功，上課時間是從早上九點到下午六點！有趣的是，她在信中說：「我發現，在我報讀的課程裡有十六人，有兩個人同我的癥狀一樣（便秘、胃酸），這兩個人也很喜歡吃麵包，身形和體重都差不多，十百一十至一百三十磅，我在想，我這病其實在香港普遍嗎？」

是不是普遍，要讀者們自己留意。但很多人有這個毛病，卻不知道這毛病的根，醫生也說不出原因，我知道這個情況則很普遍。

腸道出了問題，會影響下肢，所以翠蓮小姐說：「我從二十五歲生了第二個女兒後，已發覺下身雙腳上梯級無力，上完五級樓梯已雙腳酸軟……」

十

翠蓮小姐的腸道健康出了問題，腸道經絡連大腿，會影響走路：「……現在這情況更加嚴重了，連走平路都感吃力，試過要坐在公園休息一會，才可繼續行走。」

把引起腸道毛病的原因祛除，自然就走路有力了。所以說下肢的毛病不容易治，因為引起走不動的原因很多，不是動不動就腎虛、退化。

翠蓮小姐從「包餅蛋糕」學校畢業後寫來了一封信。

「嚴浩先生你好。對不起，這麼遲才回覆你，因近個月去了學『包餅蛋糕證書課程』，由早上九時至下午六時。我亦看到你在報中寫到我的文章，你問我現在的身體狀況，我自覺好了很多，肚無再食小小就已脹實，胃酸過多的情況已減少了，便便每朝早有一次，已經成形了，不稀爛，便後清潔得乾淨。上一次給你的電郵（第二封信，十二月八日）便便還未成形，現在又有改善了，很開心。」

翠蓮小姐寫給我第一封信，在信中，她說：「……到了今年七月開始，我發覺放屁沒有了，我亦感覺不到腸在動，大便更難去，每三至四日才很辛苦去到一次。」然後她去看醫生，被中西醫嚇了五個月，並沒有好。

翠蓮小姐看了我出的兩本書後，便選了書中介紹的食法去幫助自己，她最後一封信是今年一月五日寫的：「便便每朝早有一次，已經成形了。」其中沒有吃任何的藥，只是改變了飲食習慣，在一個月裡，把一年以來非常困擾的、中西醫治不好的腸胃問題治好了。

現在的她：「……上樓梯時下半身無力酸痺還有少少，但已好過之前了，可以上過十五級，人也精神多了，有氣力做自己喜歡的事，我很喜歡做蛋糕麵包種花種菜，我一想做就會即刻動手做，我不喜歡每天呆坐的。身體好了，但我胃痛又再出現！

「十穀米我只食了三次，（因食到牙骹痛）……」

嚴浩看到這裡也開始頭痛，回信說：「你要把十穀米在前一個晚上泡一晚，第二天才煲飯！」明明書上講得清清楚楚。不泡水就煮，怪不得吃得牙酸，養生又不是虐待自己！

翠蓮小姐繼續：「我知道身體已響警號了，調理需要時間……我會多食粗糧，多纖維，做運動，少吃包，少煎炸，用正面的方法去改善自己……我真的非常感謝你，我再有進展必定回信給你，祝你身體健康！」

我也真的非常感謝你的分享，記得先浸米再煮飯！

可以選擇的人，是幸福的。

這裡給你多添一個世界——油拔法

油拔法

油拔法（Oilpulling）是遠在澳洲的蘋果讀者Judy介紹推薦的，在老番之間原來早就使用和傳頌，她繼續說：「這是我偶爾在網上發現的另類療法，這個療法除了對糖尿病，還對心臟病、高血壓等也有幫助。開始我是抱著試試看的心態，誰知道血糖真的穩定下來，如果有運動，步行四十五分鐘，或游泳五百米，第二天的空腹可以去到4.1，吃完東西兩小時後的血糖保持在5.6至6左右。就算晚上出去吃，第二天的空腹血糖仍能維持在6.1或6.2。

「就拿今天為例，我們全家出去飲茶，我除了普通的燒賣點心外，還是忍不住，自己再吃了一份豬腳薑，白糖糕，和cheese cake，（筆者按：這位小姐真能吃）看在一星期一次，算了，呵呵！回家後散了個步，大概一小時、兩小時之後驗血糖是6.9。不過我的心得是：運動和忌口的確很關鍵。希望這個療法可以幫助在懷孕期間和在哺乳期，和其他有需要的朋友們。衷心祝福大家快樂安康！」

以下是Judy推薦的油拔法：「一早空腹，未刷牙，連水也還沒喝，含十毫升（一湯匙）的冷榨（cold pressed）芝麻油（不是普通的煮菜芝麻油），安靜的坐著，把油在齒間遊來遊去，注意不要把油吞下，最少十五分鐘，最多二十分鐘，然後把油吐出，這時油已經變成很稀的奶白狀，然後漱口，最好用鹽水，最後記得把洗手盆清理乾淨。」

油拔法的原理

油拔法的西方專家 Dr. Karach 在一個國際醫學會上發言，說曾經用這個方法治好了一個有十五年白血病歷史的病人，也治好過一個已經沒法正常走路的類風濕病人。

Dr. Karach 用中醫的理論解釋其中原理：「舌頭上很多穴位，聯繫到腎、肺、肝、脾、心、膀胱、小腸、胃、大腸和脊椎，油拔法刺激了氣脈，所以起到治療的作用。」

醫生特別提到一點：「在身體恢復以前，原來的癥狀有一段時間會有惡化的跡象，但不要停止，這說明身體在恢復中。」這叫「好轉反應」，我自己就有類似的經驗。

比如傷風，我在受寒以後練功，在寒氣被從身體中反逼出去之前，會在幾分鐘以內，經歷噴嚏、鼻塞、甚至流鼻涕的傷風病癥，然後就好了。有一次被北京同仁堂的所謂按摩傷了背，幾個月以後，在半醒的狀態中，背上受傷的地方一陣劇痛，然後就好了。

醫生補充說：「有的人身上同時有幾種疾病，治療初期會明顯惡化，這是因為病灶正被衝擊，導致次病源一個接一個冒出來，甚至會發燒。這時，病人要堅定不移繼續用油拔法。」

總的來說，必須理智鎮定，油拔法只是在嘴裡含油漱口，緊張甚麼？在有好轉反應時，可以增加到一天兩次到三次，也可以停止幾天，等身體舒緩後繼續操作，這都取決於身體反應和嚴重程度。同時，在醫生的同意下，減少服藥。並不是所有病例都會有這種好轉反應，大多數情況發生在慢性和長期病患的治療上。

用油拔法的細節

有的讀者對油有心理作用，含在嘴裡就想嘔，茂哥有一個經驗可以分享：先用鹽水漱口，就不會想嘔了。

網上數千個油拔法用者的經驗，冷榨葵花籽油或者冷榨芝麻油（cold pressed sunflower or sesame oil）是第一選擇，如果買不到，才用精煉的（refined sunflower or sesame oil），讀者中有人用初榨橄欖油，也一樣有效。

我自己是用在超市買的精煉葵花籽油，用十毫升（一湯匙），最初的油是黏稠的，十五分鐘後，油會變成奶白色。如果吐出時油的顏色仍然是黃色，可能時間不夠長或油量太多。不知道其他的油是否有一樣的顏色變化。

兒童五歲及以上，只五毫升（一茶匙）的油就可以。任何人五歲以上都可以做油拔法，婦女在妊娠和月經期間也可以練習，如果有假牙的人要先將假牙脫下。如果想一天做多過一次，在餐後做要等四個小時，在喝任何飲品後，要等一個小時。有的讀者在早上和睡前一小時各做一次。

油拔法後一個月

讀者Margaret來信說，在讀過我所介紹的「油拔法」及「奇異果減肥法」後，她在七月中開始，兩樣方法一起試，一個月以後，她寫來了這封信：「當初買不到冷榨芝麻／葵花籽油，要經網上訂貨，心急下見到你說另有讀者試用Olive oil亦可，所以先用Olive oil，用後感覺非常良好，整排牙齒表面很清潔，初初那十五分鐘真的很漫長，但現在已經可以很從容的邊做油拔邊做事。現我覺得牙齒是明顯白了，皮膚也是。

「而另外的奇異果吃法，基本上我覺得腸胃是好了，不會有肚谷（脹）的感覺，磅數上沒有大改變，因為在飲食上沒有特別節制去配合，但昨天post相出來（拍了照片），個個朋友也說我是瘦了，可能是水腫情況有所改善。這兩種方法我也是趁早上起來空肚做，所花時間不多，感覺良好，會繼續進行。」

由於前篇「油拔法」文章刊登時，正是奇異果上市的時候，很多讀者都把「油拔法」及「奇異果減肥法」一起做，有的人見效快，有的慢。後面會有篇幅介紹奇異果吃法（見第152頁）。

油拔法後兩個月

讀者「麥」來信。

「（油拔法）我已試了兩個多月，在第十天，左大腿外側突然劇痛（在用油拔法之前只是有點麻痹感覺），一直延續了一個月，每朝起床都會一陣痛，約十多分鐘才紓緩，到了現在，痛楚沒有了，但還是有點兒麻痹感覺。」

答：你本來膽經堵塞，現在快好了，可以喝小米、淮山、紅棗（去核）、薏米粥補一下氣血，食材的份量隨意。

「睡眠在剛開始一周已感覺好了，打鼻鼾沒有了，呼吸好像暢通了（我有鼻敏感）。

「我要母親也參加，她今年八十七歲，三天後，當晚十二時許突然肚子及耳朵劇痛，肚瀉，持續了幾個小時，所以第二天早上她沒有用油拔法，當天晚上沒事發生，我游說她隔兩天再試，試完當天晚上又重複以上劇痛問題，現在她已經停了不敢試。」

答：可能在幫她清濕熱和一些潛伏的病，腎開竅於耳，伯母的腎要注意。應該繼續的，油拔法是含著油漱口，不可能有傷害性。

「我朋友血糖高，雙腳有點爛，她試了三個月油拔法後，在這段時間她停了服藥一個月，現在雙腳開始復原，功效出來了。」

答：油拔法把她的糖尿病控制住了，恭喜！

為甚麼怕油拔法

讀者麥先生來信：「我朋友今年五十四歲，女性，身形略胖，一個月前跟隨我們試油拔法，剛開始一星期，常感疲倦，牙肉腫，舌頭有脹的感覺，非常口渴，想喝凍飲料，每天十多杯水，平時六杯，並且骨節有少許疼痛。前兩天突然發燒，發冷，並且感冒，持續三天，這是她近幾年未發生過，請問以上情況是否正常，或是其他原因，是否有其他潛伏病反射出來，現在這兩天她已停止油拔，可否退燒後再嘗試？」

答：是潛伏病反射出來，必須繼續。油拔法沒有任何侵入性，為甚麼會危險？

這位讀者再也沒有回信。我不是中醫，但是從信中描寫的癥狀來看，是從肝區來的熱症，信中沒有說患者小便的顏色，但我估計是赤黃色的。如果身體對一個療法有反應，請不要放棄，要知道找對了一個養生法是來之不易，如果這位患者可以繼續，她身體中潛伏的病大概都可以清掃出來。

為甚麼要對一個含著油漱口的方法感害怕？醫院裡刀光劍影在等你，你怎麼又不害怕？油拔法最適合平時不運動的人，不要連這個機會都放棄，否則蘇州過後就是苦海無邊了。

油拔法有副作用？

讀者麥先生來信提過：「我朋友今年五十四歲，女性，一月前試油拔法，剛開始一星期，常感疲倦，牙肉腫，舌頭有脹感覺，非常口渴，並且骨節疼痛……前兩天突然發燒、發冷，持續三天……請問以上情況是否正常，是否有潛伏病反射出來？現在這兩天她已停止油拔……」

油拔法是一種非侵入性的古老療法，從根本上改進我們的體質，在恢復健康的過程中，會把身體中潛伏的病「拔」出來，我建議可以繼續，有反應是好現象，說明身體對這種療法有反應。如果理性一點看這個療法，所謂油拔法，只是把油含在嘴裡漱口，漱口的時候，連「咕」都不可以，漱口十五分鐘以後，把油吐掉，這麼簡單的療法為甚麼會有危險？如果對你沒有用，不用就可以了，不應該對身體有傷害。

我很想知道病人有沒有好轉，在十二月初，我去信問：「你的朋友健康有進展嗎？」但麥先生沒有再來信，後來在一月初，突然又收到他的信。

油拔法清濕熱

我問麥先生，你的朋友健康有進展嗎？他沒有再來信，那是十二月初，到了一月初，麥先生突然又來信：「對不起，到現在才給你回覆，她之前提及的副作用已經消失了，油拔法持續。但她用油拔法約一個多月後，每早油拔後時常從喉嚨吐出杏黃色的痰，每星期約三次，每次有如小尾指般大小，已持續了一個多月了，有時實實的一塊，有時呈現液態狀，顏色時深時淺，不知是否油拔法起了一定作用。是甚麼原因產生？另外，近日發現頭髮有中間折斷現象，數量略多，之前在她身上從未有過，不知是何原因。」

答：油拔法把她的脾和胃中多年積累的濕熱都清理了，省了她老來的病痛，她的身體對油拔法有積極的反應，説實話，她應該每天都感恩，感謝這個古老的療法。至於近日發現頭髮有中間折斷現象，那與油拔法無關，是與冬天的乾燥有關，與她用的洗頭水、護髮素等有關，試試換一個牌子，或者改成七天洗一次頭，水溫不可以太熱，洗的時間不可太長，當然髮質不同，洗頭密度應自行調節。專家教路，我們用的洗頭水應該用清水大量稀釋才用在頭髮上。

口水不夠　油不變色

另外有一位名字叫FU的讀者來信說：「有關於你介紹過的油拔法，我至今已嘗試了差不多一個多月，幾乎每次都有痰吐出，起初都以為是痰，但今天細看一下，發現又不像。再說，今天的痰好像比過往的黑色淡色了些！是正常嗎？附上一張照片（請有心理準備，有點兒嘔心）。」

我個人認為，他這些痰是從肺或者氣管中清理出來的，無論如何，一個月以後的痰已經淡色了，那豈止是正常，那叫健康的進步，恭喜！

有位讀者Rosa來信問：「在含油漱口二十分鐘後，吐出來的油並無變成奶白，為甚麼？」

答：是口水不夠，建議早上喝兩三杯水，然後去走路，最少四十五分鐘，回來以後再做油拔法。

Rosa回信：「……至於口水不夠，的確我會容易有口乾感，那是喝水也紓緩不到的。但在你的書中（《嚴浩特選秘方集》）那個以舌頭在口內攪動方法（攪舌法）我做過，真的即時多了口水分泌，現在再有這種口乾感，我會如此做。」

油拔法治腱鞘炎

讀者黃麗芳女士來信：「……想多謝你介紹的油拔法！這個方法我只實行了大概個多月，便差不多醫好了我八九成的腱鞘炎！病情嚴重時，連去購物簽信用卡也不行，現在已可以用剪刀剪東西了！非常感謝你！祝安康！」

甚麼叫腱鞘炎？原來是手腕的關節痛，也常見於大拇指兩個關節痛，一動就痛，還會有些腫脹，腕關節痛時，在握拳的時候，上下動會有壓痛。

資料說，腱鞘炎是勞損引起，「腱鞘炎是由於肌腱的滑動反復過度摩擦，引起肌腱及腱鞘發生炎症、水腫、纖維鞘壁增厚形成狹窄環」，不要過度勞累就不會患這個病。

傳統的治療是用微波照射患處、按摩等，還會用局部封閉治療，就是打類固醇一類的針藥，但都是治標不治本，會反復發作，這時候只好動手術切除腱鞘。資料還說：「沒有甚麼特別有效的藥物可以根治腱鞘炎」。

黃麗芳女士用油拔法大概一個多月，便差不多治好了八九成的腱鞘炎，我建議她同時可以用跌打水一類的中藥外用藥水塗抹患處，而且一定要休息。

油拔法的收穫

讀者 50+ 女士來信：「本人於今年八月八日開始採用油拔法，至今將近四個月，在開始當日立即發覺口氣明顯減少，其後甚至於每朝起床時都不覺得有口氣。朋友在施行油拔法後亦有同感，還向我致謝給她介紹了這良方。

「另外，有一個意想不到的收穫……本人於二十多年前，開始在腰腹間有一處白點，逐漸變成至一塊指甲大小的白癜，除顏色變白之外，該範圍亦比正常的皮膚稍微凹陷。油拔法一個多月後，白點有些痕癢，是蟻咬的感覺，這情況持續出現，有趣的是本來白色的地方逐漸變得粉紅，直至變得跟周圍正常的皮膚沒有分別……請問可否為我就皮膚的變化略作分析？」

答：你說的「一塊指甲大小的白癜」在腰腹間，是腸道和脾胃的反映區，加上你本來有口氣，說明你的消化系統本來不健康，油拔法是舌頭和嘴部肌肉運動，直接連到胃部，胃得到運動的幫助，胃氣帶動了腸道蠕動，消化好了，皮膚的異變也好了。建議你還是不要每頓吃得太飽，50+ 要懂得照顧身體了。

油拔法後生飛滋

讀者陳小姐來信：「去年八月左右開始油拔法，剛開始時沒有甚麼太大反應，一星期後越來越多痰，一如其他有些讀者的反應一樣，是少少的較濃稠的黃色痰，隨後是比較稀、比較透明的痰，油拔法後睡眠質素大大改善。

「過去有數年時間，天天一大早以雙份特濃冰咖啡當早餐，到下午才開始吃固體食物，四年下來，突然有天出風疹，一年後爆濕疹，經過中醫治療好了。及後到外國生活，戒了冷飲，不過年前開始喝酒，為求好睡而空肚喝，脾胃都弄壞了，體重直線下降，本來已經很瘦的我更顯得臉色萎黃。試了油拔法一個月，戒了酒，加上運動，胃口越來越好，以前不會感到肚餓，現在會有飢餓感。

「有一方面我不明白，油拔法後，嘴裡越來越多飛滋（潰瘍），主要在舌頭下及牙肉，不止一顆，最高峰同一時間有八顆，痛不欲生，連話也不想說。油拔法後我已用鹽水徹底漱口及刷牙，但飛滋越來越多，最後不得不暫停，停了就不再長飛滋。同時油拔法後，更感氣虛，請問嚴先生有沒有甚麼好對策。」

讀者陳小姐的脾胃是被她的飲食習慣徹底打倒了，我發現很多年輕男女都很無畏，例如陳小姐，她居然敢「數年時間，天天一大早以雙份特濃冰咖啡當早餐，到下午才開始吃固體食物」，不出毛病才怪，所以幾年後出了風疹又爆濕疹，被中醫看好了是幸運，但不久後，她又「為求好睡而空肚喝酒」，做她的身體真命苦。身體和你一樣也是人，要好好對你的身體。

陳小姐在油拔法以後好了很多，但口腔生飛滋、而且嚴重潰瘍，感氣虛，這都是脾胃虛寒的原因，有個「黨蔘乾薑糯米粥」會幫到她。糯米只需少量，告訴藥房你要煲粥，請他們包一份同等份量的藥材：黨蔘、乾薑、炙甘草、茯苓，最後加紅糖調味。

忌辛辣、燒烤、油炸、油膩厚味的食品，多喝水、果汁、多吃蔬菜，保持大便暢通，避免便秘。

另外，用雲南白藥外敷口腔潰瘍創面，一日兩次，大概三天就可以痊癒。

不是所有口腔潰瘍都是脾胃虛寒，還有心火旺盛或脾胃積熱引起的，陰虛火旺引起的，以後再介紹食療。但雲南白藥只要有口腔潰瘍都可以用。

油拔法前攪舌頭

讀者麥先生來信：「我有女性朋友，今年約七十多歲，是一名針灸師，我是她的常客，當我向她提及油拔法後，她也開始試做，她依足我們的方法兩星期，但每次吐出的油都是透明的，跟我們白色的不一樣，是否她身體比我們正常？因為她每星期都會有兩三次按摩，保健做足。」

答：這位針灸師的口水不足，所以每次吐出的油都是透明的，她沒有比你們健康。建議在油拔法之前先喝一大杯水，散步四十分鐘，或者參考《嚴浩特選秘方集》中的「攪舌法」。讀者Judy來信說：「做油拔法之前先攪動舌頭，很奇怪，以前口水不多，所以較難把油漱口漱到稀薄的狀態，攪舌後便容易多了。」

麥先生繼續說：「另外，我太太之前也做油拔法兩個多月，有腰酸背痛情況，之後停了一段時間，沒痛了。現在再重新啟動一個月，左邊眉骨有點脹痛，中醫說是肝問題，二十多年前她有乙型肝炎，這幾天沒有這麼痛，但眼睛很澀，請問是否油拔法的作用，如果長期使用會有何後果？」

長期油拔法可以嗎？

讀者麥先生問，油拔法之後，身上出現徵隨狀，是好事還是壞事？出現的徵狀是隱疾。那麼簡單的含油漱口法為甚麼能把隱疾浮現出來？能治癒嗎？

自從聽了布緯醫生的教導以後，我開始對油拔法的原理有一些了解，布緯醫生是世界頂尖的油與脂肪專家，根據她的研究，人體有磁場，細胞好比電池，人體中的油與脂肪是使電池正常運作的重要物質，脂肪通過與蛋白質結合，在身體中轉化成水溶性體液，如果這個重要的轉化被破壞，體液無法正常流進毛細管，就會引起血液循環的問題。

含油漱口的時候，油的分子與身體中的磁場起了同位共振作用，促進了體液運行，血液循環得到額外的動力，排毒功能也就加強，隱疾也就浮現，每天做油拔法，每天給血液循環助力，病也會治癒。

麥先生又問：「朋友用油拔法約一個多月後，每早油拔後從喉嚨吐出杏黃色的痰，每星期約三次，每次有小尾指大小，已持續了一個多月了，有時實實的一塊，有時呈現液態狀，顏色時深時淺，是甚麼原因產生？」

答：油拔法在清氣管和肺，你的朋友要感謝上天！

奇異果的吃法

我吃奇異果的辦法，是找一塊新的廚房洗碗用的百潔布，表面很粗那種，把皮上的毛擦刮掉。用兩隻刮毛以後的奇異果，加小半杯水，連皮放在攪拌機中攪爛，馬上小口喝下，放久了不喝會氧化。在早餐以前喝最好，從雪櫃直接取出的太寒，要先在溫水泡一下。連皮吃，是因為奇異果百分之八十的營養在果皮部分。奇異果是寒性，可以加薑吃，有位讀者在前一個晚上用三四粒紅棗煮水，第二天水已經涼，她把紅棗去核，把水和紅棗與奇異果一起攪爛吃。

奇異果與蜂蜜、或者牛奶一起食用會引起腹瀉、腹脹、腹痛。有人會對奇異果過敏，但是沒有因食用奇異果導致死亡的病例報告。綠色奇異果的致敏性蛋白質含量，是金黃色奇異果的五十倍。讀者中有對奇異果過敏，吃後舌頭和嘴唇會發癢，沒有大礙，停吃就好了。如果在服用薄血丸，不可以吃奇異果，這是一位讀者的反饋。

很感謝讀者們的參與、發現和分享，因為分享，你會讓更多的人過得好一點，自己的存在就更有價值，生命就更有光彩。

油拔、奇異、實戰錄

讀者Rita很有心，她採用油拔法及連皮食奇異果後：「每天都有日誌紀錄，如下：油拔法後的第三天手上濕疹已好好多，到第六天已完全復元了，加上我血氣很不好，坐立及踩健身單車後，下身都會出現麻痺，現在已大有改善了。

「另外我都是寒底人士，每次先煮好薑水，先喝幾口暖胃，奇異果去毛後再將奇異果頭尾部分用刀切去，然後整個連皮吃，是相當美味的（既方便吃，也方便沒有攪拌機的人士），再喝下餘下的薑水，就不怕胃寒及太寒涼，因我亦是腸敏感人士，容易溏瀉，現在康復了。本人實在非常感激您，因這些小毛病實在太困擾人了。二零一一年九月五日」

濕疹不容易完全康復，油拔法能夠有療效，真是好消息。油拔法源自古老的印度，傳到西方後，才繞了一個圈來到香港，中國大陸可能對這個療法一點都不瞭解。以前也有人在香港開班收費傳授這個方法，在鬼佬的圈子知道的人比較多，像我們這樣在媒體上大規模的互動和分享經驗，在香港是第一次。

飲水提肛法

讀者蔡竹筠說：「尤其我想分享提肛飲水法。我十二年前生過孩子後便長了一粒黃豆般大的小痔瘡，不會出血亦不痛，因此醫生建議觀察，不用開刀，雖然是不大影響身體，但在坐下或如廁時亦有些微不舒服。進行飲水提肛法兩個月，不單是早上，每飲水便做，那如黃豆的小痔瘡已縮回。醫生説尚有凸起，但已沒有外露，醫生亦同意這提肛法確實能收緊鬆弛了的肌肉。十分感謝您的方法。」

十分感謝讀者們的分享！在《嚴浩特選秘方集》中已經收集飲水提肛法：每天早上喝第一杯水的時候，喝得很慢，一杯水分三十小口到五十小口，越多越好，每吞一口，提肛一次。這個方法，治產後小便失禁、便秘、強化前列腺、內臟下墮、鍛鍊喉嚨吞嚥的肌肉。有些老年人會吞嚥困難，每天堅持鍛鍊，老來便舒服多了。我注意到下肢逐漸衰弱的人，吞嚥能力也隨之減弱，不要以為肛門與喉嚨隔得遠便沒有關連，它們的肌腱是相連的。提肛，或叫縮肛，是像忍大便一樣縮一下肛門，要稍用一點力，慢慢做。

漱口功

我入行的時候在TVB做編導，當時認識的同事，現在成為了老朋友，其中的一位是Kitty。那時候的Kitty是我的頂頭上司，後來我去了嘉禾，她又是監製，這些年來，她已經成為了香港的公關第一大姐。Kitty很有親和力，而且造型另類，表情生動，從前蕭芳芳扮演的林阿珍，靈感就是來自於Kitty。Kitty很喜歡我介紹的漱口功，她說每天早上做了以後，把氣管裡本來吐不出的痰液都吐了出來，發現顏色是黑的。漱口功可以減少四成感冒，當患感冒時，喉嚨發炎紅腫，那是喉嚨上的病原體惡化所致，漱口並在喉嚨發出咕嚕咕嚕聲，即使只是用自來水漱口，都可以減少四成感冒，比漱口藥水效果更好。漱口藥水殺菌效果過強，把好細菌也殺了。

漱口方法：一，先含口自來水，去除口內的食物渣滓，吐掉。二，重新含一口水，從喉嚨發出咕嚕咕嚕聲，一次五秒以上。吐掉。三，重複含水、漱喉嚨的動作，共六次，不少於共三十秒。每日進行三回以上。養成習慣後，一個簡單的功法能發揮大作用。

油拔法發功之後

讀者「心煩人」來信：「二十年前，我換了心瓣，須長期吃薄血藥，不能吃中藥，但吃了保健食品，如葡萄籽精華、奧米加3、蜂王漿等，健康改善了很多，使我知道要健康，不能單靠醫生。看見〈半畝田〉介紹油拔法，不用吃藥也能改善健康，欣喜萬分，九月二十七日開始，早晚一次，約五六天後，喉嚨痕癢、咳，想是好轉反應，要堅持，但越見嚴重，看醫生，吃咳藥，抗生素也停不了。

「十月二十三日停了油拔法，仍然咳，中間繼續吃西藥，又飲薑水、羅漢果水、陳皮水，樣樣試，十一月十二日終於停了咳，我想應不關油拔法事，十一月十七日再做，二十五日又咳，二十七日停了，咳到現在，乾咳，醫生說是敏感，有說是感冒未清，只要藥停了就咳，我不可以長期吃藥，很累，只想睡。十多日前，我開始吃十穀飯改善體質，因我每年都一兩次咳，請問有甚麼方法可以止咳呢？我今年五十六歲，家庭主婦，飲食清淡，不吃零食，謝謝！心煩人上。」

這是她的第一封來信，時間是一月三十日。

答：油拔法把你潛伏的病帶了出來，你是身體中的寒濕出不來。用一塊老薑，切開，單面用火烤（燂）熱，在頸後衣領位置，頭髮線與第一節脊椎骨之間擦，每天擦，擦三十五分鐘。注意不要太用力，不要把皮膚也擦掉了。

輪到「火熚薑」發功

讀者「心煩人」的第二封來信：「用了『火熚薑』後，咳嗽已好了五六成，昨天終於不用吃止咳藥，晚上又不會咳醒幾次了，困擾了我差不多四個月的咳嗽有望痊癒。我以前刷牙以後一定用鹽水漱口，油拔法後，喉嚨會非常痕癢，狂咳，我以為是鹽刺激喉嚨，現在用清水漱口，但只要含住水在口裡流動，喉嚨就會痕癢。我以前咳都有痰，吃幾天藥就好了，並未試過像這樣乾咳，時間又長。其實我做油拔法時，我的牙齒白了，整體感覺好好。」

答：很可能都是身體中的寒氣影響，會好的。

第三封信：「『火熚薑』我做了五次後，乾咳就好了五六成，如果咳得厲害就再做一次，會舒服些，這幾天好像停滯不前。我這兩天漱口時，喉嚨已不再痕癢。而我由擦薑那日開始，完全停了西藥，人亦精神了很多，真的很感謝你！為了擺脫咳嗽，我今天開始試做布緯食療。

「總結了經驗，今次會由少量開始，我本人對芝士敏感，但又想試。上次油拔法失敗，一開始就做兩次，每次有時做三十分鐘，（筆者按：本來要求才十五分鐘！）

現時才明欲速不達的道理，但塞翁失馬，焉知非福！如果不是咳成這樣，我不會吃十穀飯，以為很麻煩，開始了又不覺麻煩，家人也受惠，吃了二十天，感覺非常好，因四個月不敢吃水果，排便有些難，現在完全沒問題。謝謝！湯太上。」

我注意到：她已經不叫自己「心煩人」了。

「火燂薑」勝寒咳

二月九日，湯太的第四封信。

湯太：「我的咳終於好了九成，在我咳到好彷徨時，得到你的賜教，使我脫離苦海，真的衷心感謝您！」

她的第一封來信是一月三十日，油拔法把她身體中的寒曝露出來，成了寒咳（乾咳，有可能是慢性支氣管炎），用「火燂薑」第十天好了九成，她也不再是「心煩人」了！

湯太繼續：「……布緯療法，二月四日開始，每天一次，每次兩茶匙茅屋芝士，一茶匙亞麻籽油，我先生亦一齊試，可惜兩天後已買不到原味芝士，洋葱味的茅屋芝士都買，第二天再去，又全部賣光，問超市經理，他說連供應商都斷貨，我只好將亞麻籽油加到麥皮裡吃。我原本對芝士極度敏感，吃很少（如pizza裡有芝士），就會暈到天旋地轉，站也站不穩，為此曾做腦掃描，腦科醫生告之我有偏頭痛，不能吃芝士，才知對芝士敏感，但為甚麼這次布緯療法對芝士又不敏感呢？很奇怪！我先生長期有便秘，吃了十穀飯後，每天都去得好舒暢。終於找到終極的解決方法，謝謝！」

「火燂薑」的方法：用一塊老薑，切開，單面用火烤（燂）熱，在頸後衣領位置，頭髮線與第一節脊椎骨之間擦，每天擦，擦三十五分鐘。

只是那麼簡單，但是可能啟發了一個針對慢性支氣管炎的療法。如果你有乾咳，比如一遇冷就乾咳，或者一唱卡拉OK就乾咳，或者醫生說你是慢性支氣管炎但又治不好，我建議你試試這個方法。

乳癌病患增多

「剛剛於七月尾開始食十穀米，還於八月頭開始了兩日油拔法，怎料不久後就被發現患上了乳癌，還擴散了去骨。時間上真是太快（由八月中至今天證實短短三星期），我真是有點不太相信，本人只是三十五歲，還打算今年結婚，預備明年生小孩。人生往後的日子已經不同了。還有一絲希望，不知是否還可以繼續食十穀米及油拔法？會否令癌細胞加速？你的讀者mimi。」

油拔法幫助身體恢復，不會令癌細胞加速生長。十穀米更加只會讓癌細胞餓死。東子師傅告訴我，說近來乳癌病患突然增多，而且很多是老師。有一位老師兩個月以前才做過檢查，沒有癌症，在這之後，她被校長當著眾人罵了兩個小時，後來再去做檢查，已經證實患了乳癌。大部分癌症都是與壓力和情緒有關，老師很難做，前面是家長，後面是校長，面前是學生，壓力是不為人知的。

不要以為只有女人才有乳癌，男人一樣會患乳癌。乳房、胃、前列腺、肝，這幾個部位特別容易受壓力和情緒影響。美國研究人員發現核桃可以減少乳癌發生的機率。下篇繼續。

核桃防乳癌

美國馬歇爾大學（Marshall University）的伊蓮博士（Elaine Hardman）做了一個很有趣的實驗，她本來想證實，得了癌症是可靠飲食改善的，結果她發現了核桃可以防止乳癌。伊蓮博士將乳癌基因植入老鼠中，讓老鼠有罹患乳癌的機會，然後再將老鼠分成兩組，一組餵食核桃，一組則沒有，結果發現吃了核桃的老鼠，竟然半數以上沒有罹患乳癌。

專家說，癌症是可以被改變的，如果改變飲食習慣與生活模式，可以預防三到六成的癌症。核桃不只可以防乳癌，核桃中的維他命B_{17}，還可以防止和治療其他的癌症，簡單的說，B_{17}可以餓死癌細胞。女性每天攝入大概五個核桃，能夠有效降低乳腺癌的發病率。不能把核桃當飯吃，除了核桃，還要吃十穀米，十穀米中有豐富維他命B_{17}，維他命B_{17}只存在食物中，沒有藥丸。老番專家還說：「少吃肉食，多運動，按時睡眠，保持快樂心情，避免吃有激素的水果和蔬菜，可以幫助我們遠離乳腺癌。」其實這樣的生活方式，可以幫大部分人遠離一切癌症。

只問正常的排洩

有了癌症，要完全戒肉，癌細胞搶肉吃，健康細胞搶不過它們。有讀者問，不吃肉，營養從哪裡來？現代人，是營養過偏，身體過補，要重視的，不是補，不是問營養從哪裡來，是問如何保持正常健康的排洩。比如核桃，我們要從食物中獲得的十種胺基酸當中，核桃就含有八種，而每公斤核桃仁的營養價值，相當於五公斤雞蛋、九公斤鮮奶。核桃還有改善便秘、增強記憶力、讓頭髮烏黑亮麗等效果。

東子師傅是一位實實在在的氣功醫師，他的病人，都是中西醫都無法治療的。有一位病人多年來總是瀉肚子，西醫說他沒病，中醫說他腎虛，讓他補。病人是個超級富豪，富豪要補，還不容易？但補了幾年，還是瀉肚子。輾轉到了東子師傅手上，東子師傅讓他停了所有的補品，替他排走身上的濕熱，其中不吃任何的藥，只是叮囑他飲食清淡，慢慢的，富豪留意到他的大便開始正常了，一個多月過去，有一天早上，他發現大便已經恢復成條狀，他竟然捨不得沖廁所，跑去拿 iPhone 拍照留念，就像一個多年想念的老朋友終於回來了。

男人也會有乳癌

這個事實，對我們男人好比是晴天霹靂。專家說，每一百五十個到二百個的乳癌患者中，便有一個男性，好發於四十到六十歲，男人通常都等到腫瘤超過兩公分後才意識到問題，這時已是接近二期的惡瘤。所以，男人不要只想摸別人的乳房，還經常要「自摸」，這個不幸的事實既叫人難過，又十分尷尬，據說有男人發現自己得了乳癌以後，去醫院拿藥，竟然說是為老婆拿的。

正常來說，六十到七十歲是男性乳癌的發作期，共通點是「摸到乳頭或胸部有硬塊」，男人大概從來沒有想過自己會有「乳暈、乳頭」，但各位好漢們，如果一旦發現自己的乳暈下有不痛的腫塊、乳頭凹陷、腋下淋巴腺腫大，要趕緊就醫。專家說，造成男性乳癌的原因，是酗酒、肝病、睾丸異常、乳房曾經受傷、曾經受輻射、乳頭有異樣分泌物、荷爾蒙失常等。六十歲以後的男人，女性荷爾蒙逐漸多於男性荷爾蒙，有可能刺激乳腺，出現如錢幣大小的腫塊，那是皮脂腺發炎，幾個月之後會消失。

維他命E很重要

專家說飲食中維他命E的增加會減緩腫瘤的生長，強調的是「飲食中的維他命E」。飲食中的維他命E，如果過量，可以排出體外，但如果來自維他命丸，則可以致命。

前後矛盾的研究結果都是老番自己講的。美國在一九八八年至一九九一年，和一九九四年兩次全國健康調查，得知多數美國人的飲食中不夠維他命E，所以為了健康，每天至少要400IU（每天至少四百國際單位）維他命E。

但二零零五年一月的《內科醫學雜誌》（AnnInternMed）卻刊登了一篇由美國、西班牙及英國的學者所發表的有關高單位維他命E（每天至少四百國際單位）可能增加死亡率的論文。又說，一小顆四百毫克的維他命E，每天吃一顆，會提高百分之七罹患肺癌的機率，連續服用十年，機率提高到百分之二十八。

美國人是牛排文化，不懂飲食文化，如果注意吃天然含維他命E的食物，根本不會患維他命E缺乏症。

把初榨橄欖油、豆製品、堅果、十穀米、魚、綠色葉蔬菜、水果列入每天吃的食物中便足夠。

天然維他命E能溶解心腦血管中的血栓，改善女性荷爾蒙失調，加強細胞的功能，淡化臉上褐斑。

談健康，身心靈的調理不容忽視。
精彩的電影，啓發性的文章，助你身心安康。

我們的心是藥庫

東子師傅是東北人，他離開老家南下之前，知道老父親愛喝酒，為了盡孝心，他預先為老父預備了一年的酒，老父的酒量，是每天兩斤六十度的白酒，兩斤就是兩升，每天兩斤，一年就是八百斤！我去東北玩的時候見過老人家，他每天早上四五點起床，起床就喝酒，一直喝到晚上，天天如此，我看見他的時候，他帶著幾分兒酒仙的憨，笑眯眯的，精神很好，其實，老人剛從癌症恢復過來。

事出於東子的弟弟問老人借了兩萬元做生意，虧了！兩萬元在老人心中極其重大，就在十來天的功夫裡，老人的脖子上眼見就長起來一個五公分大小的瘤，確診是淋巴癌，明顯是氣出來、屈出來的。東子師傅是氣功治療師，可是這時候他人在南方，他沒有隔空發功，只是吩咐家人為老人買一個房子，答應給老父每年兩萬元零用錢，也不強叫老人戒酒，於是老人搬了新家，每天懷裡揣一瓶酒、一個蘋果去公園打牌，兜裡有用不完的零用錢，不久以後，好了！

沒有電療，沒有化療，沒有吃藥，唯一改變的，就是心情。我們的心是我們的藥庫，這藥庫的鑰匙在我們自己手上。

我的二哥

二哥退休後一家人住在新加坡，上星期，我的二嫂打來電話：「你二哥說他不想活了！」

前幾年，我二嫂患膽結石，醫生把她的整個膽割掉了，當時我已經很不以為然，怎麼不把患者當一個人去對待？現在的醫學昌明，除了把整個膽割掉以外應該有其他方法，怎麼把重要的消化器官當做一塊不想吃的肥豬肉，說割就割？又過了一段日子，說是有個朋友患上睡眠窒息症，醫生把他的吊鐘割掉了，以致後來喝水稍急，水便會從鼻孔流出。吊鐘不可以割，只可以剪短後再縫回去，否則就會出現以上的徵狀，這種常識連我都知道，怎麼那個新加坡醫生就會那麼粗心？他如果不是粗心，那麼肯定就是手術失敗了。

這次我二哥說他不想活了，開始於幾年前他有個小中風，痊癒了，但留下個心理陰影，他老是覺得自己是個病人，久而久之，發展成了精神抑鬱症，新加坡醫生給他開鎮定劑，結果：便秘、四肢無力、再後來更是無法行走、出入需要坐輪椅，抑鬱症也不見好轉，人變得更消沉，失眠、易驚、凡事只看見壞的一面；分明陽光明媚的白天，他說天一定會黑；分明是妻賢子孝，他卻說自己在家的地位還不如小狗。

到了最近幾個星期，他更是一步也不願意出門。我打電話給他，叫他無論如何都要換醫生，要換藥，要嘗試中西結合的治療，但是他已經離不開新加坡醫生給他的那種鎮定劑。他自己說，如果不吃，全身難受，極其不舒服，可是吃了，便秘、全身無力，「眼看自己一天比一天衰弱，不如放棄算了！」他已經喪失了生的意願。而這其中，不負責任的庸醫要負主要責任。

永遠不要把自己的生命交託予這種醫生！

沒有四季的日子

二哥終於聽我的話，願意飛到新加坡以外求診，但還是在出發前去找醫生開了一個月的鎮定劑，就是那種令他病沒治好卻上了藥癮的東西。長期服用鎮定劑會上癮也是常識，那個新加坡醫生怎麼可以隨便就開了一個月的劑量？而且他明知道病人已經因為服用這種藥物而健康狀況日下。在這危險邊緣救了我二哥一命的還是我二嫂，當二哥還在抗爭的時候，是二嫂拍板，立即買了兩張機票，讓二哥「飛越瘋人院」。這時，他的精神狀態已經瀕臨崩潰，不論醫院提出任何治療方案，他都堅持一定要服新加坡醫生開的藥。他對這種藥已經在心理上嚴重依賴。

身邊人對自己的健康影響極大，我的可貴的朋友們知悉我二哥的情況後，雖然並不認識我二哥，卻立即開啟朋友網，讓認識和不認識的朋友都一起來幫我二哥。情緒病人就是因為畫地為牢，把自己禁閉在一個沒有陽光的角落裡。朋友的關心當然可以帶來陽光，但更關鍵的，是他自己得讓陽光照進心裡。天上掉下來一個餡餅，自己還得動手去撿；上帝把牛扒送進你的嘴裡，自己還得有個意願去嚼去吞。所以，即使找來了最好的醫生，家中有最賢慧的妻子，身邊有最好的朋友，自己缺乏了好起來的意願，一切也只會是白搭。

二哥沒有嗜好，嫖賭飲吹不好，琴棋書畫、行山游水、鋤大地打麻將、逛公司旅行，宗教氣功、音樂電影、小說詩歌、任何人類從前、現在、未來創造出來的種種娛樂和消遣、或高級或低俗、或流行或偏旁，他都不沾不好。自從醫生無端說他眼睛退化，結果又從他身上割掉甚麼之後，他連漫畫卡通都不願意看一眼，難怪他會抑鬱，我更擔心二嫂也會因為他而悶得嚴重抑鬱。

即使活在自己的情緒世界，也得時時照顧到身邊人的感受，要學會多點感謝身邊人對自己長年累月做出的貢獻。身邊人不是傭人，照顧了自己生活後，付給她月薪便可打發，身邊的人需要你的支持，通過你的感謝，她／他才會感受到照顧你的價值，以至於自己生存的價值。

後來二哥終於慢慢好轉，現在又重新生龍活虎，從前他對中醫、養生從來不感興趣，現在甚麼穴位經脈隨時丟書包，還從大陸買了養生書帶回新加坡再寄回香港分贈親友，郵費比書貴幾倍。但也難怪，他是從「那個世界」的邊緣回來的人，他知道可以重新站起來的意義。

憂鬱不會改變現實

睡眠不好會影響心情，好友占士這幾天晨早六七點便陪我去散步，鄉野民居多養狗，有些家庭一養一大群，見生人走過便吠得聲嘶力竭，占士被狗吼了兩天後，心煩意亂，碰上心情不好，於是得出一個結論：「這些臭雜狗，養來毫無價值，日夜關在鐵欄後，又臭又髒，只反映出飼養者黑暗的心——虐待狂！從虐待動物中得到快感，發洩出平日心中被生活虐待、被社會虐待的烏煙瘴氣！」狗見生人亂叫是狗性，旁觀者心情不美麗，觀點便扭曲了。

心是一個很脆弱的小東西，有如一個三歲小孩，沒有自己的意志，我們把心放在一個不美麗的地方，世界便變得很醜，把心放在一間黑屋子裡，世界便變得黑暗，把心放在太陽光下，世界便充滿陽光。一顆有訓練的心，經常處在太陽光下，即使在逆境中，也會在黑暗的隧道裡看見遙遠的一點心光。

所謂訓練，就是把心當成是一輛車，司機是你自己，既不要讓車撞人，也不要讓別人的車撞自己，這是做司機一定要有的覺性。提醒自己長存這份覺性，用各種方法把自己的心誘導到光明美麗的地方，如果不慎開進了黑暗隧道，也要迅速提醒自己已經進入隧道，盡快從隧道中重新駛出來。一切都會過去，整個生命都只是一個過渡，憂鬱不會改變現實，只會讓自己不快樂。

林燕妮的盛宴

我和林小姐從前是TVB的同事，但因為不在同一個部門，所以沒有機會來往。離開TVB之後，不知過了多少年，有一天，一班本來認識，但平時很少碰到的朋友忽然聚在一起，去澳門玩了一趟，然後又不知過了多少年，而在這些年中，這幾個朋友再沒有聚會過。一直到現在，我和其中的一位再次因緣而聚，這其中的一位就是林燕妮。講起往事，已經人面桃花，當年其他的人，還有黃霑、施南生、徐克、狄龍、林青霞，這個聚會，是不可能再現了。這成了我與林燕妮的一個共同回憶。

「要知座上客，都是再來人」，再來人的意思，是上輩子已經認識，這輩子又重新相認，座上客者，宴席上的客人也。生命好比一場盛宴，盛宴上的客人，都是你以前的故友，難得重逢，一定要好言好酒相敬，盛宴過去，即使再見，也是下一世了。

林燕妮的盛宴非常多彩，她曾經是出色的廣告人，她自己與弟弟、前夫、戀人都是社會名人，她前夫的弟弟更是李小龍。她的小說、散文都有不少粉絲，她曾經一擲百萬去買一件皮草，也曾去過韓國的深山禪修，她在大學主修科學，她的專業卻是藝術與傳媒，她有藝術家纖細柔軟的心，但在近年，卻要接受親人在短時期中一個接一個去世的殘酷。去她的盛宴上做她的客人，聽她把一路上的風光細細道來，說到感人處，也很難不陪她鼻酸。

何必要學珍惜

我媽快九十了，已經不良於行。週末我把她和家人接至我的山居，讓她面朝小花園坐。這一天，老人家心情不好，大姐說她早上哭過，問她為甚麼哭，她不肯說，後來我坐在她身邊打盹，半睡半醒中，聽見她不斷地叫：「媽，媽……」原來她的一塊心病又發作了。

這故事要扯到抗日戰爭，我媽那年十八歲，瞞著家人偷偷跑去抗日前線，本來一心以為抗日勝利後就可以把家還回來，誰知道命運把她帶來了香港，在這期間，她的媽媽——我的外婆已經過世，而我媽媽也無緣再與外婆團圓，十八歲偷偷離家那天沒有和媽媽說再見，書頁一翻已經是永遠了。

如今她每天生活在輪椅上，四肢不再靈活，腦中的往事也一件一件猶如褪色墨水般消失，剩下的一件刻骨銘心揮之不去，恍若是一個沒有痊癒的傷口，儘管幾十年都沒有流血，原來只是被傷疤蓋住，時間到了，便崩圍了。

我很想把她帶回去開封的老家看看，但她的兄姐早已經相繼過世，我們都瞞住她，她也裝傻當不知道，如果真的回到老家捅破了窗紙，一個風燭殘年的老人除了得應付長途旅行的辛苦，是否還能抵得住心靈上新舊傷口同時扯裂？

我媽很喜歡種花，她年輕的時候要照顧八個孩子，還依然趣味盎然地在家裡種滿了花，我把她推到花園中，指給她看各種花與樹：白蘭花、桂花、茉莉花、檸檬、九里香……如果換成早幾年，她能自己走進院子裡，雙腳踩在柔軟的草地上，這兒拔一根草，那兒撿一片葉……

時間是回不去的，否則，何必要學珍惜。

父母的另一半是孩子

老母親反覆做同一個夢，夢中，我們兄弟姐妹在車站走失了。孩子小的時候，父母希望他們快高長大，但孩子們大了便有自己的世界，這個世界未必適合父母，這種感覺對我媽媽來說，好比在紛亂的車站丟失了孩子——從前圍在自己膝下打轉的孩子，從此以後再也找不回來了。

是很難過，但捫心自問，誰不是沿著同樣的路，一步一步離開父母的懷抱？

孩子們到了十八、二十的青春期，對父母更是一種挑戰，這挑戰是怎樣改變自己以配合孩子的長大。青春期的孩子渴望異性，而我們的社會也已經進步到把性作為中學教育的一部分，做父母的有沒有接觸到孩子的心靈？

如果大人們還記得自己是怎樣長大的，便知道成長的過程其實是一個痛苦的過程：你不知道自己身體的變化是否正常、不知道在腦中出現的思想是否叫做骯髒、不知道自己的心儀對象是否值得交往、不知道自己的社交方法是否得體大方……孩子每天把自己關在浴室的時間越來越長，而父母還當孩子是小寶寶。沒有溝通，能不冷淡？

美國的一所名校把學生行為手冊寄回給家長，其中一條列明：不反對中學生有性行為，甚至還有統計數字，證明有性行為的學生學習分數反而比較高，但不能在校內搞。他們的方法提供了一種選擇。子女永遠是自己的，但也要在適當的時候把他們轉化為朋友。在交往異性朋友上，列明遊戲規則，底線是不可以有孕，不要傷害自己，也不要傷害別人，不能影響功課，然後在應該消失的時候從家中消失半天，給已經長大的孩子一些空間。

父母當時還年輕

大概十年前，那時候母親還能夠慢慢地走，有一天，她選了一張自己的證件照片，放在小塑膠袋裡默默交給我，我也默默接過，兩人都沒有說話，但我心裡明白，這是媽媽留給我的紀念。後來，她又逐漸把子女們送給她的首飾一件一件退還，把銀行存款處理好。十年過去，母親已經失去照顧自己的能力，神智也有時清醒有時昏沉，十年前她能夠勝任的安排與準備，如果放在現在才做已經不可能。這是她的遠見和智慧。

年老的父母在我們面前一點一點地離開我們，父母生我養我、教我做人，到了晚年，他們用自己的老、病、死向我們身教自然的法則，讓我們減少分別那一天的痛苦。

母親成長在抗日時期，十八歲時偷偷離家遠赴戰爭前線，從此再也沒有機會與她的母親見面，我們知道這是母親一生最大的遺憾，她在清醒與昏沉之間，經常問在身邊日夜照顧她的兩位姐姐：「我在甚麼地方？我要回家。」當姐姐告訴她這裡就是她的家時，她會說：「我要我的媽媽……」姐姐無法把話接下去，在沉默中，她會再問：「我是不是個壞人？」

所謂忠孝不能兩全，她為國無法盡孝，但也因此自責了一生。

一個人在晚年時想的最多的，不是自己從前的成就，而是未能達成心願的遺憾。

我現在已經知道將來的一件遺憾：從前留學的時候父母給我的信，我存了一段時間後竟然全部丟失了。父母當時還年輕，我們卻還不懂得珍惜。

減肥之鎖匙

比利時歷史上有個關於肥的真實故事：

有個公爵，花名叫肥肥，肥肥與他的兄弟愛德華鬧翻了，愛德華搞政變，把肥肥的政權奪了過來，但愛德華沒有殺肥肥，他在碉堡裡另外蓋了一個房間，他說兄弟你隨時可以獲得自由，而且條件只有一個：只要你能走出去。

愛德華沒有恐嚇肥肥，這的確是唯一的條件，而且肥肥也不是殘疾人士，愛德華還承諾，只要你走出房間，我就把你的封爵、王國和財物全都歸還。房間是正常的，窗戶、門應該有的全有，也沒有上鎖，傭人每天進出送飯打掃，可是肥肥就是走不出來，愛德華也沒有向肥肥施巫術，這其中只有一個異樣：肥肥太肥了，肥得走不出門！

愛德華知道兄弟的弱點，所以他每天送入盛宴：牛扒羊扒，麵包蛋糕，芝士美酒朱古力……加上被困在房間裡，肥肥本來就不運動，現在連走路也省了。肥肥於是成為自己胃口的囚徒。人家譴責愛德華殘忍，愛德華說：我的兄弟不是階下囚，只要他有意願離開，他隨時可以離開。肥肥在房間裡囚了十年，十年後愛德華戰死他才被放出來；一年後，因為健康太差而病死了。

這是一個自由、健康和肉體被囚禁在自己的胃口與美食裡的悽慘故事，更可悲的，是明知釋放自己的鎖匙，就在自己手中。可是肥肥就是走不出來。

發哥的演技

聽說發哥準備再接拍新片，粉絲們翹首以盼。這篇文章，也已經醞釀了很久，遲遲不能下筆，是找不到適合的文字描寫他的演技。比如電影《孔子》，《孔子》的劇本寫得不好，原因是沒有抓住人物性格去發揮，卻把注意力放在孔子的一生，孔子一生中發生的故事，區區一百分鐘的電影如何說得清？

電影於是被貶成了編年表，說了很多卻都不是電影核心，演員遇到這種劇本最為難，劇本無法帶出人性的複雜，演員也很難進入情感的領域去深挖，用心感受以後，再通過表情表達出來，成為我們俗稱的演技。但是發哥在這部電影裡，還是留下來一個觀眾難忘的銀幕經驗。

那是一場孔子見南子夫人的戲，南子夫人是歷史上記載的第一個以美色亂國的美人，她的美與淫好像「落霞與孤鶩齊飛」，淫得連親生太子也作嘔，密謀派殺手殺自己的媽，可是當殺手目睹南子的美後，竟然驚呆了，暗殺當場流產。孔子獨入深閨見南子夫人，別忘了這個所謂「聖人」，是中國歷史上第一個擺明車馬，公開說「食色性也」的男人，他那一年也才五十多一點，這是一場聖人和男人的天人之爭，本來是一場明擺著的好戲，可是為了種種原因，這場戲被淡化得有如尼姑尿。

但看得出來，導演還是希望演員傳達孔子心中人性的衝突，於是在沒有任何情節的帶動之下，安排給演員一個特寫，讓演員憑空去演「天人之爭」；好一個發哥，這個抽象的「天人之爭」他不但演得出來，而且既有內蘊，又生動，火候恰到好處！

「發哥給我讓座」

有一個朋友，三十年來大概見了三次，每隔十年碰到的時候，他都會問同一句話：「家住在哪裡？開甚麼車？」你知道他問這些話的目的，而且你也知道，只有甚麼人才會問這種話。我看著這位朋友的背影，看著他的腳步一輕一重地走進燈影裡，看著他弓起腰鑽進他那輛對他的人生非常重要的車，覺得這樣做人真辛苦。

發哥不會問這種話，反而，你會在大街上、在大眾交通工具上發現他，他穿得很隨便，混在人群裡，自在地逛街、上商場，不故意引起粉絲注意，被發現後，也大大方方地打招呼。像他那麼成功的百分之百國際大明星，換了甚至只有零點一個百分點成功的小明星，如果上街，身後必定跟著一堆保姆、保鏢，坐大眾運輸是根本不可能的，香港地鐵已通車多年，可以從來沒有坐過。

發哥的笑

比起發哥，發哥可能連墨鏡也懶得戴，三十年前的發仔T恤波鞋牛仔褲，三十年以後的發哥還是T恤波鞋牛仔褲，親切、隨和、自在、充滿自信。有個朋友在地鐵上看見有個人給一位婆婆讓座，婆婆坐下以後，禮貌地謝謝那個讓座的男人，然後忽然大叫：「哇！發哥給我讓座！」這時候，才發現那個男人是發哥。

只要在做自己喜歡的工作，工作本身所產生的滿足感，已經超越了任何物質的價值。發哥從來不講大道理，他的生活方式，就是一種啟示，好像一片綠色的草原，沒有一根草在絮絮不休，自然自在就是喜悅。

骨子裡是演員的，成了明星以後，還是位演員，骨子裡不是演員的，成名以後，只是個知名人士，演戲生涯不會長，也很難在熒幕上光芒四射。有些演員長得不是最好看，但戲演得實在好，也會成功；這裡面，如果又長的好看，又演得好，叫做難能可貴，在難能可貴的前提下，如果還帶有一些氣質特點，那就是得天獨厚了。

發哥的笑，笑起來有很多內容。記得很多年前，有部美國肥皂劇「Dallas」，裡面的主角叫「J.R.」，這個演員的笑就是有特點，不管他笑得再燦爛，都會覺得他奸壞，很適合他演的角色，當時他的笑是笑出了名，不止在老番國，我周圍的朋友也趕回家看「J.R. 的笑」。德斯丁赫夫曼演的《小大人》，「Little Big Man」中，德斯丁赫夫曼想去殺一個殘暴的將軍，結果反被將軍奚落，德斯丁赫夫曼在那個鏡頭中的笑，是何等的心酸。

發哥演的《英雄本色》已經成了熒幕經典，他在裡面的笑，是準備為情義挨刀的笑，由於他的獨特氣質，他的笑中有調侃、有挑戰、有蔑視、有不顧一切、又有視死如歸，《英雄本色》我只在很多年前看了一場，記到現在的，就是他的笑。在《秋天的童話》裡，他的笑是個大孩子，不羈、流氓賴皮、若即若離、又情重如山，同樣的，我也只在很多年前看了一場，記到現在的，還是他的笑。

盧燕創造了自己

盧燕八十三歲了，還滿世界飛：拍戲，參加影展，接受訪問。前幾天，她便接受香港電台的訪問，特意從羅省飛來香港。

盧燕是第一代走入荷李活的中國演員，一九六零年，與占士史超活演對手戲，電影叫《山路》，是一部發生在中國的抗日戰爭故事。那時候中美沒有邦交，只好在美國一個山裡拍中國的外景，拍攝時間選在夏天，趁學校放假可以找來一大幫華籍孩子，群眾演員可以是一個頭痛問題，我試過反過來在大陸找會說英語的群眾演員，只有艱難兩個字。

一九四七年，盧燕與母親從上海到檀香山，盧燕是為了繼續學業，誰知道兩年後大陸變色，中美沒有邦交，在美的華人不能回大陸了，只可以去台灣，但盧燕在台灣沒有親朋，從此成了遊子。這個遊子在北京出生，在上海名校受教育，小時候在梅蘭芳家裡住了十多年，但家人認為她不適合做表演行業，盧燕於是在大學念金融，在檀香山的銀行做了很多年，婚後才去讀表演學校。

由於表現出色，畢業的時候，老美校長特意為她度身訂做一個舞台劇本，還請行內人去觀賞，這樣盧燕有了第一個事業平台。可惜華籍演員在國外始終演出機會不多，難得的是盧燕，自從她認準了自己要走的路之後，她便沒有一天停止發掘與創作，她發掘了自己的藝術才能，創造了自己的表演事業，她從來沒有強調環境的艱難，她關心的只是怎樣一步一步走自己的路。

羅海星

羅海星與我相識在少年時代，羅伯伯——他的爸爸與家父曾經在報社同事幾十年，見我爸爸的時間，比我們八兄弟姐妹加起來還要多。

報社有乒乓球室，到了周末，就被我們家屬小孩子霸佔了，我們兩家的孩子就這樣熟絡起來。海星比我大幾歲，在孩子一族中，年齡代表階級，大幾歲，代表心智成熟的程度高了幾級，所以海星與我哥哥玩得比較好，他有時候會過來說兩句話，話說得不多，但很佻皮，很機智，總是逗得我們哈哈笑，這一點很像羅伯伯。海星長得像羅伯伯和羅伯母加起來，羅伯母給人一種親切憨厚的感覺，這一點，連當時我這個小孩子也感覺得到。

有一年報慶搞活動，一班舞蹈員赤著腳在台上跳民族舞，我們一群孩子圍在台邊，海星推搡著他的弟弟，叫他：「阿沙，上台去幫她們洗腳！」我覺得好滑稽，居然記到了現在。

時間就這樣流逝了，流逝的時間化成江與湖，每人都在水上留下了痕跡，但海星留的痕跡比我們誰都深。海星去世後，他的妻子周蜜蜜寫的一篇回憶錄，我雙手捧著，含著眼淚讀完；他走得太早，羅伯伯與羅伯母至今健在，在這個長壽家族裡，他少活了至少半個世紀。

他把珍貴的自由與健康換給了一班素昧平生的人，但他的父母、妻兒、弟妹卻永遠失去了一個親人，我們失去了一位朋友，民族失去了一個凜然的丈夫。嗨，那班受惠於他的人，但願你們的餘生，能對得起他的犧牲！

自己身體自己注意

鄰居的兒女大學畢業後，鄰居發現自己雖然還屬壯年，但已經看見老的門檻。「老」是一門學問，但學校只教孩子們長大了應該如何，卻從來沒有教老來應該如何。人們習慣只重視為孩子們鋪好走上社會的路，卻從來不重視為自己離開社會而鋪路，所以很多人都會為「發現自己開始老了」而感到困惑，我這位鄰居也一樣。

但這位鄰居為人主動，這次他也不情願等到老年來找他的時候才謀求對策，他拿起一個DVD攝錄機，訪問一切他認得的、或者他覺得有趣但不認識的老人，問他們「老，是甚麼?應該怎樣對待老?」這是一個很好的主意，我為自己身為導演卻沒能想到這麼好的主意而感到慚愧；即使想出來，我也未必有這樣的動力去做這件事。

現代人很長壽，很難界定甚麼時候開始為之「老」，但根據一些資料，可知人的大部分病，都是在五十歲至六十歲之間形成，到了六十歲以後，健康狀況便直轉而下，諸如冠心病、血管硬化、慢性支氣管炎、糖尿、血脂、白內障、甚至癌症，都會跑出來。五十至六十之間，如果加倍注意飲食、運動、作息、及情緒上的健康，有助避開六十至七十歲的病發危險期。而七十歲以後，身體又會趨於正常，衰老現象平緩下來。

減少不必要的應酬、避開過分激烈的運動、飲食清淡有規律、不過勞、不加重心理和生理的負擔，沒事品品茶，唱唱K，錯不了。

要活命，只能改變性格

很多病，包括癌症，都是從性格開始滋生，這是東子師傅積累無數臨床經驗以後的結論。典型的例子中，一位是他的姐夫，一位是我身邊的朋友，暫時叫她瑪莉。東子的姐夫性格暴烈，每天都在打人、罵人中度過，家人朋友對他畏如猛獸。一日，他被醫院驗出患了腸癌，只剩下兩個月的命，並且放棄治療。平時兇蠻的這個姐夫，到了這一刻還能打誰罵誰？

就在等死的時候，東子勸他：「要活命，只能改變性格。一次脾氣也不能發。」同時，東子也為他做經脈治療。他的姐夫這時候等於被槍指住腦門，性命相逼之下頓時悟了，果然改變了性格。所謂改變性格，是對待事物的態度產生了變化，東子師傅說：「思想的境界提高了，內臟也在起變化，受用的還是自己。」如今過了五年，東子的姐夫還活得好好的，而且由於五年來一次脾氣也不再發，他不但救活了自己，也挽救了本來快要崩潰的婚姻與家庭。

瑪莉得了乳癌，東子師傅給她說一樣的話：「治療只能幫一半，另一半掌握在患者自己手中。」瑪莉性格執著，她要學的功課是放下。但瑪莉不如東子的姐夫悟得快，她的習氣把她的性格來回牽扯，新的自己與舊的自己反覆掙扎。半年過去，終於還是有了跨越，而她的病情也明顯開始好轉。性格柔軟了，連經絡也隨之柔軟，她從前不能盤腿坐，如今突然發現可以雙盤。以上兩個病例不是神蹟，而是病人參與挽救自己的成功事例。

如果阿媽生得你醜

如果你又可愛又美麗，身材又火爆，你很想做歌星，可惜一開口便走音，但你有勇氣又有運氣，在錄音室裡一句一句錄也要出唱片，你的成功率有多少？最少有百分之四十。你年輕又漂亮，自然有很多人肯幫你。

現在你閉上眼睛假設：你已經四十七，馬上就四十八，你不但肥，而且腫，身材十足水桶，雙下巴吊到喉嚨，而且阿媽把你生得醜，眉毛像兩把刷，矇豬眼，鼻樑扁，鼻頭高，十足一隻豬嘴，你還長得高，膊頭寬，穿上六吋高踭鞋之後，加上滿身肉，十足史泰龍，這樣的一個你，與前面那位美女一樣有同一個歌星夢，還夢想要紅過 Elaine Paige！但是你的醜還醜不夠，你原來還滿口鄉音，到你真有機會上台，你還敢開口嗎？你選唱的歌還要是難唱至極的美聲藝術曲，曲名叫《我有一個夢》！

以上這個故事，不是虛構，也不是搞笑，這個女人叫 Susan Boyle。上帝做她的時候，只給了她三樣東西，一樣是歌喉，一樣是信心，一樣是機遇。

潘迪生是個人物

逆市中，企業裁員的消息一個接一個，人人頭上都好像懸著一把刀，不知道甚麼時候會輪到自己。

猴子屬於靈長類，是有靈性的動物，大陸有不法食肆公然標榜生吃猴腦，猴子像海鮮一樣被關在籠子裡，讓顧客自己去挑，每次籠門打開，猴子都知道自己死到臨頭，哭叫之餘，紛紛擠到角落，而且把身邊同伴往前面推，目睹此慘況，居然還有兩腳畜生拍掌嬉笑，繼而生啖其腦。

以上是我讀到有關解雇的新聞時，眼中所浮現的畫面，不知道哪一隻可憐的猴子會成為下一個逆市犧牲者。逆市，人心冷，這時候出現一些溫情會顯得人間不至於那麼殘酷。夾在淒淒慘慘的新聞中，有一則這麼寫：「潘迪生任主席的迪生創建決定董事局成員減薪，以應付金融海嘯，迪生董事減薪，員工出雙糧。」

潘迪生是個人物！對社會有承擔，有責任心，對員工有情有義，不隨便解雇員工也是對公司負責，經濟復蘇的時候，業務需要熟手員工，這是一個有遠見，有人情味的好企業家。

小氣包學長壽

四十多歲的女人，要保持身材與樣貌都不走樣是一大學問，已經四十多歲的茱麗葉比諾琪還是保養得很好，茱麗葉演過《生命不可承受之輕》、《藍》等電影，是法國紅星。在電視訪問中，人家問她保養的秘訣，如果換了東方人，大概會說「用了多少法國皮膚保養品，去歐洲打了多少羊胎素」，但茱麗葉卻說，全靠跟中國人學氣功，並從中瞭解到：健康的生活態度與健康的身體是一體的。

中國人說「相由心生」，林肯在世時也說過「四十歲以前的樣子是父母生的，四十歲之後的樣子是自己給予的。」其實外國對情緒與健康的關係在一百多年前已經有所發現，西醫不知有氣脈，這個發現也是一場意外。

有一個孩子的食道被嚴重燙傷，復元期間，食道裡的疤疥收縮，堵住了食管，只好在腹壁開一個口，把食物從漏斗送入胃中，這個細心的醫生於是得到一個寶貴的機會觀察活人的胃壁活動。他利用醫療儀器，發現情緒對人的生理影響：當孩子發怒時，胃黏膜會充血發紅，胃酸分泌增多；當孩子憂鬱哭鬧的時候，胃黏膜變得蒼白，胃壁運動減弱；當孩子情緒轉好後，胃內的狀況也正常起來。

中國最有名被氣死的人是周瑜，他心胸狹隘且為人小器，被孔明三氣之後，竟給活活氣死；還有一位被孔明氣死的叫做王朗，他被孔明在陣前罵得「氣滿胸膛，大叫一聲，撞死於馬下。」所以要健康、要長壽，心胸必須要放寬。

最後的氧氣

以下的細節，由一位當日在旺角嘉禾大廈火災現場的消防大哥提供。

殉職的消防員阿蕭和阿龍被編在一組出差，阿蕭已經加入消防處二十四年，阿龍才一年，兩個人都是魁梧的男子漢。他們殉職當天，消防處沒有主動告訴媒體一個細節：兩人把自己的氧氣面罩摘下來給災民使用，以至直接造成死亡。

消防員的氧氣面罩永遠要在自己的掌握中，危急救人的時候，自己吸一口，摘下來讓災民吸一口，口罩上有噴射嘴，氧氣直逼入口鼻中，這樣輪流呼吸氧氣，才做到救人並保存自己的目的。可是，就像是在戰場上殺紅了眼的戰士，阿蕭與阿龍一層一層搜索，把被困的災民逐一救出，走到九樓的時候兩人的氧氣筒已經發出警告聲，一筒氧氣使用不到四十五分鐘，但安全工作時間是三十分鐘，在氧氣筒發出警告時，兩人在火場已經救出了十多個人，而在九樓的火場中，那時困了兩母女。

火場是甚麼概念？濃煙滿布，伸手不見五指，濃煙還夾有上千度的熱浪，消防員把這叫「大煙」。只剩下不多的氧氣，阿龍一手摘下面罩，反手扣在其中一人口鼻上，自己「抽大煙」，把她連推帶拉，從九樓推上十五樓天台，又返身下樓，用同樣方法再救剩下的另一人，這時阿龍已經連續邊「抽大煙」邊上下了十多層，運動中的沉重喘氣加大了呼吸量，他還不斷安慰二人：「不要怕，不要怕，跟著夥計們走就好！」他的呼吸器官已經全被高溫和濃煙灼傷，當他再次看見天台門外透出的光時，知道兩母女肯定能夠獲救，懸掛的心一放鬆，一口鮮血便噴了出來。阿龍把生命換給了一對素不相識的母女，同時，他的戰友阿蕭也在樓梯間為了救人而自己倒下。

兩位英雄的生命綻放出人性最偉大崇高的光輝。

人間天堂

長壽從笑開始，自古以來我們的老祖先就這麼說，老婆的老外公八十八歲了，老人家有三大愛：愛說、愛笑、愛唱，他來香港住在我們家，經常開口就是唱山歌：「在公婆跟前要孝順哪，在丈夫面前要溫良啊！好女兒！好女兒！！！」自唱，自說，給自己拍巴掌，然後又是一陣哈哈哈！

晚上他看到燈熄了也會哈哈哈的大笑，每天睡的時候他要問：「是我自己關燈？還是你們給我關燈？」我的岳父母都說：「我們給您關燈！」他睡下後會大聲地吆喝：「關燈哪！關燈喔！」燈一關，他就笑。

岳母說：「爺爺三年前和我們住到一起，來的時候佝僂得像個小矮人，在室內也離不了手杖。八十五歲的老人同時做了兩個手術，四公分多的膽結石、前列腺息肉兩個手術一起做。在病房的頭兩周，爺爺對麻醉反應很大，好像得了癲狂病，打人、罵人、咬人，連天天守護在病床邊的女兒、女婿都不認識，我背著人不知道偷偷的哭過多少回，生怕老人就這樣離我們而去。兩個多月一直都是女婿給他清洗傷口，七八月份天氣炎熱，有時一天要洗好幾次。老爸現在把女婿叫『我真正的孝兒』。」

去年，老外公在夏天的時候飛過來看我們，秋天，又坐我岳父自己開的車從南到北玩了一圈，珠海、張家界、韶山……從頭到尾精神十足，是個八十八歲的年輕人。

岳母讚嘆：「這樣的天性永遠享受快樂、健康、長壽。」

我也讚嘆岳父母對老人家無比的耐心和愛，愛心把家裡變成了天堂，在天堂裡，人人都健康長壽。

陳美齡有使命感

上午，我們在東京陳美齡的會客廳裡訪問這位在七十年代已經竄紅的歌手，下午，我們隨她去「農林水產省」，政府管農林水產的部門，大樓裡有一個小禮堂，一幅大白布在舞台右側從上懸掛到下，上面大書「農林水產政策研究所，客席研究員、歌手、教育學博士、日本國際兒童基金協會大使，陳美齡」。陳美齡今天接受邀請為公眾講學，她曾經去過三十多個國家為貧窮地區的孩子籌款，目睹當地因為缺水而產生的嚴重影響。

記得當年她出道的時候，她柔順青澀的台風，被一部分人理解成「單薄」，嘲笑她是「雞仔歌星」。當年這個雞仔歌星，今天在異鄉大放異彩，五十多歲了，仍可以憑「歌手」及「博士」的身份出現在公眾面前。

吃青春飯的藝人們、孩子們，這對我們的人生路是否一個啟示？比起陳美齡，青春飯吃完了，你會在甚麼地方？她是歌手，到現在還準備在東京「武道館」開演唱會，她是博士，她是三個孩子的媽媽，她是妻子，她還出版了六十本書！

我問她動力從甚麼地方來？她説，要一直出現在公眾面前，因為，可以更好地為貧窮孩子們籌錢。這是一位帶著使命感過每一天的人。「自從在非洲看見第一個苦孩子之後，我的人生目標便整個改變了！」有的人説這種話是為形象化裝，但我知道陳小姐是真的，這是她血管中流的血。八十年代日本右派正猖獗，她卻在日本電視上公開南京大屠殺的照片，引起右派追殺她與家人。

這是一位我很尊重的人類。

易容術

有些女孩子的五官沒有按黃金三角的比例長出來，所以比較吃虧，眼看身邊長得還可以的女朋友都嫁出去了，自己卻成了中女。樣子可以補救嗎？可以！答案是肯定的。林肯說過：四十歲以前的長相是父母生的，四十歲以後的樣貌是自己給的。林肯說的是一個人的氣質，天生五官再漂亮，氣質不好，等於破了相。

我親眼看見一位朋友的女兒，在學時期長得非常漂亮清秀，可是進入社會不到一年，眼看她五官依舊，但樣貌不再可愛。環境改變，外貌隨著改變，從前早睡早起，讀書學習都有個修心的作用，現在生活作息沒有規律，怎樣好玩怎樣惡搞怎樣來。這是我所見的最年輕卻改變了自己樣貌的個案，她才十五歲，中學還沒有念完。

我也在宗教團體裡見過一個中女，很醜，是連多看一眼也不想那種醜，那次是我初見她。過了一年再碰見她，她臉上本來粗黑的皮膚變成細滑嫩白，而且散發出一種柔光，好像一個紙糊的日本燈籠，開了燈後，一層柔和的光便透過紙散發出來，這種美麗，吸引人忍不住多看幾眼。又過了五六年，我在郵局碰見她，她又回復成從前的醜樣，原來她已經不再去宗教團體了。我無意販賣宗教，我只是注意到內心世界與外貌的關係，一個人只要信仰一種東西，那怕是茶道花道，瑜伽或者只是養生，幫自己培養出平和的內心世界，外貌一定會變得美麗。

劉曉慶這三個字

劉曉慶這三個字在大陸不止家喻戶曉，還代表了一個時代。她在拍《垂簾聽政》、《芙蓉鎮》等名片時只有五十元人民幣，二十年後，乘著國家經濟開放的浪，做生意賺進億元美金資產，她是現代中國夢的第一代圓夢者。在那個大明星小可憐的年代，劉曉慶有一段與梁家輝有關的灰姑娘故事。

八十年代的時候，香港人與大陸人即使在同一個攝製組，待遇也是天差地別，吃飯的時候，香港人有飯盒有飯票，大陸人只發一個饅頭，一團鹹菜，大明星如劉曉慶也沒有例外。天寒地凍，又冷又餓，日日如是，劉小姐又委屈又餓，那邊廂梁家輝卻嫌飯票太多，隨手丟進垃圾桶，劉小姐趁他轉身，從垃圾桶中把飯票撿起，拉著其他大陸演員去飽吃了一餐，這件事，梁家輝大概到現在也不知道。

在二零零二年，她涉嫌逃稅被囚超過一年，問起這一段過去，曉慶也不諱言。劉曉慶是個沒有城府的直率人，窮的時候她不怕喊窮，富的時候她出自傳，打鑼告白天下「我劉曉慶是個富婆了」，就是這樣一個心胸敞開，嘴巴關不住的傳奇麗人。她幾十年來演過不少角色，可是她說，還是演劉曉慶最精彩。

中年應該活得從容

很多人生感悟，不一定都能用文字表達出來，即使可以表達出來，文字也未必老練，所以當遇到以下的一段好文章時，欣喜之餘，也想與大家分享。作者認為這些人生感悟，不到四十以後不會明白；但茂哥認為，四十以後只是知道，六十以後才叫明白；我則認為，很多別人的人生經驗，連中學生都可以從書上讀到，但有些人則終其生也不會明白，他們錯過的，是一個很美麗的世界。

- 「好朋友應該相互欣賞，而不是互為利用。好朋友，只能在同一階層中產生，窮人富人、百姓與達官、草根與明星、白丁與學者永遠也成不了真正的朋友，因為不在同一階層，也就永遠不會產生可以共享的深刻體會與感悟。」
- 「飯應該一口一口的吃，事要一點一點的做，沒有一蹴而就的事情，所以不應疲於奔命。中年，應該活得從容。」
- 「任何事物都有兩重性，有時候甚至沒有對錯。」
- 「生活品質的優劣，完全取決於自己的心態。」

• 「我們的伴侶看似平淡無奇，有時候甚至難以忍受，其實歲月的年輪，早已將彼此共融在一起了，即使惡習俗性，也已成為自己生命的一部分，如果有一天，你真的撕毀這不堪的婚姻，就會發現每撕一片，都會連著自己的皮肉和筋骨。」

陳寶珠的娟秀

陳寶珠在粵劇舞台上以反串小生紅極一時，但在生活中，她是那麼温文爾雅，你聽她說話，一件事涓涓娓娓道來，好像一篇娟秀的文章，不知不覺，她的語調就會把你帶入一幅卷軸古畫裡，而她自己則是畫中的主角：儀靜體閑、娉婷玉立。

寶珠去到哪裡，她的粉絲跟到哪裡，不是三幾個，是一輛旅遊車之多。我們在香港電台的食堂見面，隨她來的粉絲坐滿了幾枱，隔著過道細細端詳她們看不厭的小生。「好靚仔」，我聽見她的粉絲這樣說。

這群可愛的粉絲跟了她幾十年，寶珠做童星的時候她們已經是小粉絲，陪著寶珠一起長大，成年，走入社會，很多已經做了祖母，還是在家裡掛滿了寶珠的照片，祖母抱著孫兒指著照片說：「寶珠！寶珠！」。後來小孫子第一次跟祖母來與寶珠茶敘，一眼看見寶珠，便曉得大聲叫她「寶珠」，寶珠愕然，這個人精怎麼會認得自己？

這份幾十年的忠心、友情與支持真正難能可貴。我們訪問寶珠的地點也很特別，是在廣華醫院院牆裡的一所「廣華醫院博物館」，這是一所晚清時建造的中國式平房，紅牆綠瓦，大廳裡擺了一圈價值連城的酸枝椅，牆上掛滿了名人題字的牌匾，難為我在香港生香港長，而不知旺角鬧市中有這麼一片藏在水泥森林中的寶貝。

這個地方選得好，很適合今天被訪問的主角。

訪問女姐

紅線女住在廣州。現在從香港去廣州很方便，從深圳去的話，坐「和諧號」列車，七十分鐘便到，雖然如此，由於女姐約我們上午十一點開始訪談，這意味著我們清早五六點便要爬起床，好盡早到採訪現場作準備。採訪地點是在廣州天河的「紅線女藝術中心」，這塊地的面積比香港藝術中心還要大，有兩層高，裡面有劇院，正對大門的牆上是毛澤東的一句語錄，這句語錄並非摘錄於紅寶書，毛澤東在一九五八年曾經親自為紅線女寫過一封信，這是其中的一句話：「活著，再活著，更活著……」

港台的導演與工作人員前一天已經先到了廣州，在我們到達前已經在這幅語錄前打好燈，佈置好茶几椅子，十一點鐘女姐準時到，大家以為她會就坐，她卻逕自跑上二樓會議室。我抱著一束花恭恭敬敬地站在她面前向她獻花，對她說：「女姐您好，我是您的晚輩，代表我們的劇組向您獻花，有事請您吩咐。」

我眼前的這位女姐，不施脂粉，滿頭白髮，仍然玉樹臨風，言笑之間常不經意流露出一代名旦的嬌媚，偶一舉手投足，更帶有已經伴隨她七十年的粵劇唱做功架。在她坐八望九之年，女姐仍活躍在人生與粵劇的舞台上，她身後的幕布，隱隱擋不住她七十年來的光輝藝術成就，及她走過的八十年中國近代史。

紅線女訪後反思

毛澤東的一生是暴戾的一生，他活著的時代暴戾，而他的存在，令到那個時代更暴戾。一九五八年，紅線女、黃河之戀升格成為政治事件，他為紅線女出頭，罵黃河：「……他說他要滅亡了。果然，已經在地球上被掃掉，不見了所謂黃河。而紅線女則活著，再活著，更活著……」好血腥的一段文字！感受一下文字中那種反差：「滅亡了，被掃掉，不見了」「活著，再活著，更活著」，一方面是殘酷，一方面是呵護，人性中的原始狀態，赤裸裸地、戲劇化地在一封短信中表露無遺。

十六世紀的時候，意大利畫家卡拉瓦喬（Caravaggio）畫了一幅畫，畫中，聖徒保羅被害後，劊子手一手執著他的頭髮，準備把他的頭切下來，但在畫的左側，卻站著一個皮膚白皙，相貌姣好的少女，她穿著一身一塵不染的白裙，雙手捧著一個金盆，準備裝盛被殘酷地割下來的頭。

毛澤東隨著他的原始本性行事，可怕在於他不是藝術家，他是一個民族、一個國家的領袖，面對異見者的聲音，他只有一個對付方法：殺掉以後，連頭都要割下來示眾，中國歷代君王都同出一轍，毛澤東也沒有超越他的時代。林肯與甘地也生長在暴戾的時代，但他們的人道主義精神超越了暴戾，他們是地球上最值得人反思的人物，他們後來都被暴戾的同胞暗殺，他們用個人的死換來了民族與國家的生。

毛澤東後來為了自己的生而發動了文革，在關鍵的時刻，他選擇了自己「活著，再活著，更活著」，而「滅亡了，被掃掉，不見了」的，是我們民族的靈魂。

一百一十四歲的年輕人

想像你生於一八九八年，到了二零一二年，你已經一百一十四歲，你會怎樣過你的每一天？這是新加坡許哲女士的真實故事。她出生於汕頭一個小鎮，原本是天主教的修女，後來兼修佛，她說：我的宗教是「愛」的宗教，永遠愛世人，大家都是兄弟姐妹，這是我的宗教信仰，天主教的教友們看到我閱讀其他宗教的書，問我為甚麼看魔鬼的東西？我說，「我看世界上所有的宗教都是一片光明！」

有這樣的胸懷，人便健康，她眼不花，耳不聾，「我們想老就老，想年輕就年輕，假如你的腦子不要想老，一百多歲還是可以做很多事情。」

一切都從我們的腦子開始，對我們好的是我們的腦，對我們不好的，也是我們的腦，我們百分之八十的病痛，都與我們的思想與情緒有關。她說：「我從來不發脾氣，因為發脾氣，第一，傷害自己，第二，傷害對方，第三，影響其他人。發一分鐘的脾氣，身體要三天才恢復過來。」

社會上送她的財物，她用作蓋養老院，到今天她都每天去照顧老人，而她自己，卻是個一百一十四歲的「年輕人」！「我每天都在為眾生做事，我自己不需要照顧自己，我只要照顧別人，我相信老天會照顧我。我這個身體是為一切老人、病人、苦難人服務的工具，天天要利用這個工具」。

到一百一十四歲，她還到台灣大學演講。

大家都是人，為甚麼人家可以活得那麼精彩，那麼令人感動，那麼光芒四射？

蜂能夠做出不可思議的行為。我的新家遠離都市，比較靠近自然，像蜂這種生物對城市人來說既熟悉又陌生。家中裝了冷氣，冷氣機上的出風口吸引了一隻蜂，我想那可能是蜂群中負責找新窩的探子，冷氣機內既遮風又擋雨，很適合牠的要求，於是有一天上午，牠便突然從門外飛了進來，在出風口爬進爬出，牠是怎麼知道藏在諸多住戶的屋頂下，有一台冷氣機剛好張開了口，而冷氣機還沒有開始使用？

就當牠是碰巧吧，我老婆很大膽，不怕蜂螫，把牠趕了出去，順手拿起瓶有機驅蟲液噴在冷氣出風口位置，過了約莫一小時，同一隻蜂沿著原路又進來了，但很明顯，冷氣機上的藥味讓牠產生了警惕，牠嗡嗡地左右晃動了一下，突然改變方向，用蜂的速度逕直撲向那個噴過驅蟲劑的藥水瓶，藥水瓶這時和其他的雜物一起被堆在一角，蜂連找的過程都沒有，直接向目標撲去，好像一枚早已經定好航向的導彈。藥水味道沒有減弱牠對冷氣機的熱衷，第二天，牠又進來了好幾次，直到我們把玻璃門關了，牠才放棄。

我對蜂認識不多，但是蜂絕對有記憶，有認路的本事，蜂的大眼睛裡有五千隻小眼睛，大家都是一雙肉眼，而蜂的眼睛是生物電子的合成，蜂還有超強的辨別氣味的能力，這一切加起來，在自然界的眾生物中，蜂好比是高科技合成的外星體。

我家的院子裡有一棵白蘭花樹——這件事好像做夢一樣，香港，一個租車位比租屋還要貴的寶地，居然家裡能有一個小花園。白蘭花大概是我兒時叫得出名的第一種花，她的花香也最為親切，因為母親喜歡她的香味，喧鬧的香港街頭至今還有老人撿來白蘭花在街上賣，賺十元八塊麵包錢，母親從前會花一毫五仙買幾朵別在衣襟上，衣服換下來後，還會珍惜地把白蘭花放在翻轉來的茶杯蓋頂，讓熱氣把花香熏滿屋內，這是她能容許自己的最大的奢侈。我也因此認識了白蘭花，現在母親年紀已經很大，僥倖的是她在市區的樓底下也有一株白蘭花樹，花香有時會隨清風送入客廳。

新家的院子與客廳中間的玄關口有一棵不知名樹，據說是橄欖樹，但由於未曾插枝，所以不會結果，有一隻相思鳥比我們還早來做窩，窩一做好就下了兩隻蛋，我們的裝修師傅不時爬梯子上去看，每次都拍手機照片，帶回去給他自己家的三個女兒看。師傅成了積極的直擊新聞報導員，過幾天，說鳥兒已經破殼，又過幾天，說鳥兒已經變得毛絨絨。

那段日子老下雨，黃色暴雨警告接二連三，我每天都擔心鳥巢被毀，在一個暴雨晚上的翌日，我們剛從大門外走進還沒未曾入住的新居，師傅便快嘴報導説，其中一隻小鳥從巢裡掉了下來，但幸虧被他發現，撿起來放回窩，小鳥沒有死，還已經在學飛了！這是最後一次聽到有關小鳥的報導，現在那個巢還在，但母子三鳥都已經飛走。這個巢，鳥媽媽把它築在一叢舉手可及的樹枝中間，我們每次出入玄關，都在她的巢底經過，為甚麼她不挑一根高枝築巢？可能她的母性讓她預知會有笨小孩從樹枝上掉下來，枝低一點，就不會受傷。

讓這個地球安全運作的，是母愛。

河國榮

河國榮是澳洲人，二十多年前來香港發展，由於能說一口流利的廣東話，被電視台挖去做演員，從此，香港的影視中只要有鬼佬的角色，不論是好人還是壞人，不論是警司還是匿藏在香港的國際通緝要犯，飾演者都是河國榮，河國榮於是家喻戶曉。他姓河，因為本姓就是River，他的妻子是中國人，他自己在香港待久了，氣質也開始像中國人，比如他向人打招呼的時候會微微鞠躬，平時言語間他會很注意別人的感覺，等等。在表達方面，亞洲人比西方人含蓄，這些氣質特徵發生在中國人身上的時候我們是不會注意的，可一旦出現在西方人身上，感覺會特別明顯。

河國榮性格溫和，他與妻子沒有小孩，家裡養了十一條狗，每天回家都有一個熱鬧的歡迎場面，其中一隻狗三個月前死了，比我們家的小秋田早了一個月。河國榮說，到了現在，他一想起這位老朋友還是很難過，我也有同感，於是默默地指指自己。「我們把小秋田埋葬在花園的大玉蘭樹下，你呢？」我問他，因為我們都住在郊外。他說，他們的房子是租的，所以他把狗兒的骨灰擺放在書桌上，他與妻子商量過，待以後剩下的十隻小狗逐個離開，就把他們的骨灰都等齊了，然後一起合葬；或者把骨灰都帶回澳洲老家，在那裡他有自己的房子，百年後，與自己合葬。

我告訴他，我家種的花樹今年都長得特別好，附近的老鄰居說，這樣的盛況二十年來沒有見過。謝謝小秋田，我們從前照顧了你，現在你做了花神，在照顧著我們。

轉世的太陽

有個西班牙小孩叫Osel，「太陽」的意思，五個月大的時候被遠在西班牙的藏傳佛教中心認證為轉世活佛，從此被送去印度南部有名的色拉寺，十八歲之前沒有見過人親吻，沒有看過電視，沒有踢過足球，沒有接觸過女孩，看過的唯一一部電影是艾迪摩菲主演的笑片，內容是一個活佛小孩的歷險故事，他的另一個與電影有關的記憶是當李察基爾朝拜聖地的時候，住的房間與自己比鄰。

我對這位「太陽」有興趣，因為當他還是嬰孩的時候我曾經寫過他的傳奇經歷，畢竟轉世活佛都是以藏人為主，而他竟然是個西班牙小老外。二零零九年，他二十四歲，已經叛離了佛寺，還成為了馬德里電影學院的學生，可以想像他這樣成長的孩子第一次看電影時在內心產生的巨大震動。現在他留髮留鬚，穿T恤牛仔褲，並且把自己的名字從「太陽」Osel 改為 OZ，意即「從綠野國來的人」；而 OZ，則來自《綠野仙蹤》The Wizard of OZ 中的 OZ。很傳神。

OZ 的生命故事會怎麼發展下去，他會成功成為電影導演嗎？對於那段不尋常的兒時經歷，他將來會是珍惜還是摒棄？在他的電視訪問中，他對從前的經歷充滿怨憤，說從小被關進寺院是「剝奪了他正常的童年」，而且「清教士式的寺廟生活是一個謊言」。

有些修行人當修到了道心圓滿，可能會在下一世用不一樣的社會身份再修行，這種身份的改變，在本世做大師時已經發願，肉體死亡時，神識便帶著這個意念進入新的一世，發生在 OZ 身上的是不是這個現象，那便要拭目再待了。

生命的確像電影，不看到最後，不知道會出現甚麼變化。觀眾看電影的時候很投入，看完以後燈一亮便完事，佛學教我們把自己當成生命的觀眾，既投入的同時，也不要忘記自己是觀眾，在鑽牛角尖的日子裡，不要忘記為自己開燈，像看場電影一樣，一切都會過去的。OZ 如果是個有靈性的導演，他從電影藝術中所得到的開悟，還是會把他帶回宗教，藝術是提升靈魂的工具。

「永安」後人郭志怡

郭志怡小姐是「永安百貨」的後人，她的姐姐是Joyce Ma，時裝界的佼佼者，她自己也曾經任職時裝界，目前是中環一間貴族餐廳的老闆。郭小姐是港台《品味人生》攝製組訪問的第一個嘉賓，也是我這一輩子在鏡頭前訪問的第一個嘉賓，大概電台擔心我到了現場緊張得說不出話，所以在前幾集的時候，先安排我與被訪者見面，熱身之後，再安排正式訪問的時間。

這個安排很好，不過有時候就犧牲了直觀，比如在熱身訪問中，郭小姐透露了一件往事：她的家中曾經被偷渡者潛入，即使後來偷渡者被逮捕，這件事在她的心中還是留下了極其恐怖的烙印，甚至改變了她的生活軌跡，以致在以後很長的一段時間，她需要通過瑜伽、靜坐去排解心中的恐懼；但後來在正式訪問的時候，她再也不願意提起了。

我可以了解她的心情，直到現在，我還記得她在叙述這段經歷的時候，眼神突然變得空洞而且無助。人的一生總會經過大大小小的磨難，大步走過以後，便成為更堅強的人。

郭小姐大方隨和，談吐中，大家閨秀的教養與氣質自然流露。在社會與商場中馳騁多年，從成就與財富的角度審視，她都是位實至名歸的女強人，但她身上卻沒有一點財主味。她很認真地回答每一個問題，那一種單純，令人聯想起一個認真做功課的小學生，難得的是，她的單純是她性格的一部分，在鏡頭前鏡頭後都保持一致。訪問結束以後，我説，您的氣質，好像銀幕上的奧黛麗．赫本，她嫣然一笑，慢慢走遠了。

感人的土地

講食物安全問題已經是老生常談，到了明明滿腹怨憤，卻反而不想提起的程度，所以請想像以下畫面：假設你走訪了一塊乾淨感人的土地，你盡情享用那裡的空氣、清水、藍天、果子、蔬菜；你站在果樹下，隨便挑隨便吃，果樹屬於漿果類，沒有果皮，你不用擔心環境污染，更不用擔心農藥污染，讓果汁把你的手都染紅吧！把嘴都染黑吧！你不怕拉肚子，在明媚的陽光下，心裡充滿幸福感，甚至幸福得遺憾：怎麼老婆不在自己身邊一起分享⋯⋯

這塊感人的土地叫做句容，離南京四十分鐘車程。二十多年前，這裡出了一位令土地也感動的人，叫趙亞夫，他四十歲那年才學日文，去日本學農業，學成歸來後，他不用知識為自己謀財謀官，一心只想幫農民種水果，脫離貧困。二十年後，當地農民流行一句話：「要致富，找亞夫。」而他自己仍兩袖清風。在這個除了對錢以外甚麼都麻木的社會，他屬於特里莎修女一類的聖人。

吃了永遠難忘的一頓漿果餐以後，趙先生還教了我一些食物安全知識：反季節的水果與蔬菜，例如冬天的西瓜之類，是農藥催生的結果；黃瓜的一端如果還有黃花，那是用避孕藥施肥的結果；超市有一種番茄，又紅又大又可愛，紅得連「肚臍」都是紅的，那是放了催紅素；有一種小型番茄，如果是長形的，那是農藥太多的結果，以致本應是圓形的番茄被自己的重量拉長，小且圓的那才是正常；茄子煮後應該是爛的，如果煮後仍然挺拔，那也是農藥過多的結果。

現在你可以算算，肚子裡曾經吃進了多少農藥？

可怕的人造牛油

大概一百年前，美國的火雞商人為了讓火雞的體重快點增加，研究出一種合成維他命，結果他們的技術還不如今天的中國農民，中國農民用廉價的避孕藥，可以從黃瓜到鰻魚迅速養肥，火雞商人花了大筆錢研究的火雞維他命，不但見效不大，到頭來把火雞都毒死，但是大量的研究費已經砸了進去，老本怎麼撈回來？人家洋人就是不像我們中國人處事簡單生硬，三聚氰胺不加掩飾就丟進牛奶去，洋人把白色的合成劑，加入黃色素，加入多種味素，行銷時抓住人們怕肥的觀念，然後在市場上推出傳統牛油的替代品：瑪芝蓮（Margarine）！還美其名曰「植物油」。

其實呢？根據哈佛醫藥報告，吃瑪芝蓮的女性增加心臟病的風險高達百分之五十三。牛油中的天然營養可以幫助身體吸收其他食物中的營養，而瑪芝蓮中的營養是人為加入的，酸性極高，增加心臟病危機逾三倍，增加壞膽固醇的吸收，同時壓抑好膽固醇，增加癌病危機五倍，減低母乳質量、弱化免疫系統、弱化胰島素的反應。

瑪芝蓮的真面目：瑪芝蓮的分子只差一個元素就是塑膠！把瑪芝蓮暴露在室溫中，不會惹來蒼蠅，揮之不去的果蠅也不會來叮，由於沒有營養價值，所以不會長蟲，不會發霉，也不會發臭，原因就是它基本上是塑膠姐妹花。

我從前吃了不少塑膠姐妹花，現在想想便作嘔，我當時挑選瑪芝蓮，因為它擺在牛油旁邊，牛油已經有千百年的歷史，能擺在它旁邊，而且是替代品，那一定更好——這便是消費者的心理。

狄娜的來信

以下的一封來信，感動了香港電台的一個節目製作小組，全文如下：「致——香港電台電視部，倪秉郎先生，陳曼儀小姐。敬啟者：秋雨冬藏，化為漫天飛雪，歐洲和我國北部已披上銀裝，雨雪生寒，正值砭人肌骨之際，頃接來函，有如早沐春風，竟自陶醉了好一會。

醉是會醒的，狄娜是個不孝女兒、不稱職的妻子、徬徨的母親，唯只有一盡國民本份，為建設國家而艱苦奮鬥，如果受落閣下之恭維，豈非厚顏無恥，何況大病初癒，尚未能擺脱病魔的影子，老態畢呈，鏡頭前有礙觀感，實不想虐待觀眾的感覺。

貴台籌辦此《品味人生》節目，肯定為眾多婦女的鼓勵，得名導演嚴浩先生擔綱，乃成功之保證，嚴導演之藝術才華欣賞已久，萬望代為致意。貴台相邀盛情，心領感銘。」

電台想邀請狄娜小姐做個訪談節目，狄娜小姐身體不舒服，覺得為難，以她的地位，請秘書小姐打個電話來推掉便可，誰也不會怪她，但她卻當一件正事處理，正經八百地寫一封信來。生活中，踩人傷人的多，幫人照顧人的少，所以當攝製組接到這封信之後，人人都傳閱，我是在外景車上，一位年輕助手把信一字不漏地默背給我聽的。

這個節目是請十位對社會有影響的女性談生活的品味，我只是做主持人。狄娜小姐，我們祝福您早日康復，您心中有家有國，有情有義，我們希望有更多的人可以分享您的光采。

（可惜狄娜小姐在寫這封信以後不久便辭世了）

〈半畝田〉的另外一半

好友看見我的專欄叫〈半畝田〉便送給我一首禪歌：自古人生最忌滿，半貧半富半自安（如果高官和大富可以參透這首禪歌的第一句，今天就不必坐牢），半命半天半機遇（才高八斗也需要機遇），半取半捨半行善（錢是怎麼來的不能忽視，但錢是怎麼花掉的更能顯出一個人的為人。），半聾半啞半糊塗（家人也好，朋友也好，這樣的關係最長久），半智半愚半聖賢（所謂做人的智慧），半人半我半自在（想想自己也想想人家），半醒半醉半神仙（這樣做人最長壽）。

禪歌中隱藏兩個關鍵字：放下。只有放下，才能享受當下的生命過程。放下不只是為了珍惜眼前福，在生命的過程中，有時是無奈的。好友孫郁標女士在「善寧會」上講了一個感人的故事：人生大痛之一是白頭人送黑頭人，她其中的一個兄弟過世的時候，大家都沒有勇氣把噩耗告訴老母親，左思右想，只好分三個階段慢慢透露，先說得了重病，然後說危險，再過幾天才告知病逝，誰也想不到老人的堅強，她知道以後，讓子女打電話給遠在澳洲的媳婦，只說了三句話：「要照顧自己，這條路是每一個人都要走的，不過他先走了。」老人家把一個沉重的不幸沉重地放下，她的智慧與心量讓家人都安了心。

禪歌的結尾是這樣唱的：半親半愛半苦樂，半俗半禪半隨緣，人生一半在自我，另外一半順自然。

狗為甚麼叫Dog

狗Dog為甚麼和神God都是三個一樣的字母，但是剛好反過來拼？

根據國外網路的資料，西方的狗全都是從亞洲過去的，也就是說，從前歐洲、美洲都沒有狗。歐洲的狗是從新疆陸路過去的，這條路就是以後的絲綢之路，而美洲的狗是從白令海峽走過去的，古時候沒有白令海峽，東西兩片大陸相連。

幾千年前，西方人沒有見過狗，不知道該叫它甚麼東西，美國人兩百年前才從英國移民去新大陸，所以把狗叫作Dog的肯定不是美國人，而是更早的英國人，英國人把狗叫作Dog也是在有了神的觀念以後，神的英語是God。現在想像古時候，有一天，有幾個來自中國的人和他們的狗被一群有文化的貴族看見了，而這群人中一定有一位是教士，因為一直到中世紀之前的歐洲和英國，大部分的人都沒有受過教育，知識主要掌握在教士手上，這群教士與貴族問中國人，這是甚麼動物？

中國人說，狗。這幾個中國人一定是北方人，從新疆那條路線走去歐洲，而被幾個渡過英法海峽的英國人碰見。用北方話發音的狗字，與「神」的英文發音非常相似，把狗叫 God 是大不敬，所以這幾位紳士索性把三個字母反過來拼，這就成了 Dog 的來源。至於在歐洲，法語中狗的發音是中國北方話中的「犬」，看來英國人與法國人遇到了兩批來自不同地方的中國人。

澳洲附近一個無人島上被世代繁衍的野狗佔據，澳洲人這兩年採取措施去保護它們的純種性。野狗的英語叫 Dingo，是廣東話中的「癲狗」，南方沿海的中國人是最早到澳洲的移民之一，自然也在船上帶了狗，這些狗在島上走失後成為廣東人口中的「癲狗」，而 Dingo 這個外來語也成為英語中表示野狗的單詞。

不想心亂紛紛

花花世界，心也亂紛紛。不想心亂紛紛，想活得舒泰——有了這個想法，就去參考前人大師怎麼說的。

孔子說：「六十而耳順。」到了六十，人家說甚麼都當是放煙花。照孔子的說法，人不到年紀，不會有這種功力，但事實上，很多人年屆六十，到了七十，超過八十，不死有九十，還是沒有這個功力。只是到了六十，常人都會開始氣血兩衰，聽見不順耳的話，心不舒服，一不舒服，便引起血壓、心臟……一大堆問題，所以人到了六十，即使沒有這個功力，也得朝這個方向努力。

聖人如孔子也把情緒的管理當成一個學問，讓現代人也感到親切，其實情緒管理在任何年齡階段都是必須而且重要的，佛家、道家又怎麼樣讓自己活得舒泰呢？這兩家首先肯定，人本性好清淨。即使人自己不知道基因秘密，身體也會通過病症發出報警。比如，人如果早晚聽搖滾，或者長期生活在噪音中，會腎虛；如果喜歡發脾氣，會肝病、心病；長期緊張，會胃病、血管病、腸病、高血壓；長期抑鬱，會有情緒病。所以人怎麼保持清淨，就不再僅僅屬於哲學、宗教範疇，而是有關健康的大學問。

中國傳統文化中，孔子的儒學主要是教人怎樣做好一個社會人，實實在在地做好一個君、臣、父、子的本分，人們便有了道德，社會便有了秩序。佛家、道家則站在出世的立場討論清淨。到了現代，清淨學説成為New Age的精神支柱，怎麼在紅塵中保持心的清淨，成為常人養生和養心的法寶。

吃飯吃出大頭佛

原來中華民族的禮儀是從飲食開始，這是孔子説的：「夫禮之初，始諸飲食。」到了今天，飯桌上的禮儀還是極其重要，有兩個大陸朋友互相慪氣，起因就是當主人請甲某坐上賓位時，甲某不謙讓乙某，乙某認為甲某之所以有機遇認識主人，是憑他的介紹，甲某理應讓介紹人坐上賓位，至少也應該有謙讓一番的表示。

其實甲某與乙某已經是很熟的朋友，平時互相之間也大咧咧，這個聚會也只是朋友間拖鞋短褲式的飯局，當場也就沒有多想，結果過了好幾年，兩個朋友都再沒有説過話。香港人對飯桌禮儀比較不在意，起碼在非正式場合不太放在心上，但在大陸，尤其在官場，那是絕對輕心不得。

我們的先祖用飲食向鬼神禮敬，他們在火上烤黍、烤小豬，沒有酒壺與酒的概念，在地上挖個洞當做酒壺，用兩手捧水當酒杯，用草紮成槌子敲地當鼓，用生米塞進死者嘴裡，埋葬時又用草葉包熟食獻給死者。

到了孔子時代，飯桌上的禮儀更是五花八門。孔子很推崇禮，他觀察到：通過禮儀可以提醒一個人在社會上的階級地位，從而提醒每個人的責任，所以甚至婚禮，他也提升為是提醒男人和女人各自責任的一個禮儀。

無論你喜不喜歡孔學，在二千多年前，當一半的地球人還在穴居的時候，他是第一個對人類社會的運作有細緻觀察及深入研究的學者；而老祖先用飲食祭鬼神的古老禮儀，千百年以後，也進入了我們的社交生活中，只是鬼神變成了人，在飯桌上稍不注意就成了無禮之人，授人以話柄，成為被人攻擊的藉口。

您願意去修剪一棵樹嗎？

大陸近年經濟發展極速，但如果從另一個角度去探討，那就是人的欲望空前高漲，人心已經把無良、無恥當成是正常的狀態了。從社會的發展來說，如果人沒有欲望，社會就不會進步，這中間到底應該怎麼樣平衡？

有個美麗的真實故事我很喜歡，大致說：在泰國偏僻的山區有一座寺廟，寺廟的後山長滿雜亂的灌木，一位法師住進來以後，每天都去修剪一棵樹，久而久之，這棵樹被修成一個很漂亮的形狀。有一天，一位香客來請教法師，說自己對生活有太多的欲望，導致心情不好，問有甚麼方法可以消除欲望？法師給他一把剪刀，指指後山的灌木叢說：您願意去修剪一棵樹嗎？

修剪樹葉看起來很容易，事實上很費勁，我試過修剪屋前花園裡的一株九里香，兩手抓著大剪刀才操作了十來分鐘，手掌已經磨出血泡，手腕痛了一個星期。當時那位泰國的香客大概不會比我好多少，後來，人們才發現他原來是泰國負有盛名的珠寶商。珠寶商剪了半天樹枝後，提著剪刀回去見法師，向他坦白說：我剪了半天，思想沒有半點不同。但他答應以後會再來。

過了不久，他果然又來了，認真地把同一棵樹又修剪了半天，事後還是對法師說思想沒有半點改變。如是者，他斷斷續續來了好幾次，一直把那棵樹修成一個好看的形狀，至於心中的欲望，還是一點也沒有消失。法師向他笑著說：「人類的欲望就像樹葉，別指望能夠完全把它消除，我們能夠做到的，就是努力注意修剪，把它修剪得美觀。名利也一樣，只要取之有道，用之有道，利己惠人，它就不應該被視作是心靈的枷鎖。」

慾火焚身的症狀

氣功實在是一門「神秘科學」，既「神秘」，又「科學」。說它「神秘」，因為沒法用科學解釋得清，說它「科學」，因為它又很能解決一些具體問題，沒有停留在虛無縹緲的「玄」字上，例如有個病人找東子師傅治腿寒，東子測了他的寒氣後，覺得不只寒，還很「陰」，於是問病人是否喜歡古董，病人大驚，辦公室的寫字桌底放了幾隻出土花瓶，正好是「陰」物，每天與雙腿為伴，那腿還不「陰」？為甚麼氣功可以分出「寒」與「陰」的分別，還知道是古董引起，這就很「玄」，但東子把這人的病治好了，這就很「科學」——其實真的沒法用正常方法解釋。

又如道家房中術，據說本來我國自古有一套完整的行房衛生指南，包括一日中及一年中最佳及最劣行房時間，可是在美式生活流行後，國人都把密藏的這套「道家××」拋進垃圾桶，而讓位給《花花公子》，東子的病人中，不少腰痛患者恰好壞在這個上面。

例如農曆十五極陰，這一天如果行房而女方不得滿足，女方會腰痛。一個男病人北上享受「特色按摩」，但又「情慾挑起而不得滿足」，事後會腰痛，全身皮膚滾熱，而體內極寒，東子說，這是典型的「慾火焚身」。經常有淫思者會形成習慣性早洩，這些病人本來都只是來看腰背痛症，東子卻把他們的病因開門見山說出來。這手功夫，是他二十多年來每天不懈努力的結果。東子說，病人教會了他很多身體結構的秘密，其中最值得一提的，是一個人的思想、情緒會直接影响身體。

一切唯心做

不要胡亂給自己暗示。意念不但影響健康，還會直接引導致事情的結果，譬如害怕失敗，越害怕失敗，失敗就越可能降臨在身上，這個現象甚至有名稱，心理學上叫「瓦倫達效應」。瓦倫達在五十年代是個偉大的高空繩索平衡專家，經過無數次的成功表演後，卻在一次電視直播前失手跌死。事後他的夫人回憶：他每次都專注於腳下，不想其他，但在出事前，他太著意這次演出的成敗，不斷說「太重要了，不能失敗……」他腦中的意象不斷出現失足的畫面，而不是專注穩健地完成演出，結果真的失敗，代價是生命。

要做成一件事千難萬難，到頭來不但害怕失敗，還有可能害怕成功，面對榮譽與幸福覺得自己不配，不敢也不能承受，這種現象叫「約拿情結」。約拿是聖經人物，上帝派約拿去執行一件崇高的使命，這本來是約拿一直嚮往的榮譽，想不到當願望即將成為現實，他卻對自己失去了信心。原來人們不僅躲避自己的低谷，也躲避自己的高峰，因為要抓住成功的機會，意味著要承受更多的壓力，要面對更多無法預料的變化，並且承擔種種可能導致失敗的風險，由於心理上無法再承受又一個失敗，所以寧可選擇退卻。

人們行為的後面只有兩種心理原動力，一種是信心，一種是畏懼。

疲勞綜合症

「疲勞綜合症」成了都市的流行病，患者長期頭痛，嚴重影響工作與生活，病的成因，一來是長期生活在冷氣下，靜態多運動少，二來是工作壓力。「疲勞綜合」不但引起頭痛，還會產生皮膚病，身體上長癬、長濕疹，我自己一焦慮，如果持續了一段時間，就一定會生皮膚病，萬試萬靈。

西方有種叫「同位療法」的醫學，甚至斷定大部分的皮膚病都來自情緒。這點我十分認同。我清楚地記得，第一次患皮膚病，是在初中時期，當時因為去外地旅行，陌生惡劣的生活條件令我晚晚惡夢，幾天之後就開始患皮炎。

只是到了近年，我才了解皮膚病與情緒的直接關係，很多人都不相信意念可以影響身體，有一個遊戲可以令你相信意念與身體是一個不可分割的整體：伸出兩隻手合攏，對齊手腕底部那條橫紋之後，確認兩隻手一樣長短。重新將兩手分開，左手五指輕輕合攏向天，像發問一樣在眼前舉起，閉上眼，集中精神，在心中給自己的左手指令：左手向天上長高，穿越屋頂，穿越大廈天台，穿越雲層，穿越太空，穿過月亮，穿過恆星……

在發指令的同時，要想像左手真的越來越長。約莫一分鐘之後，重新對齊兩手手腕上的橫紋，看看會出現甚麼現象——你的左手手指長了！

是他辛苦了

阿松病了，老婆哉絲悉心照顧他，這樣過了幾年，阿松開始慢慢康復，但哉絲仍然不敢稍稍怠慢。朋友們來看望阿松，都會順帶關心哉絲，叮嚀她也要照顧自己，「你辛苦了」，朋友們說。哉絲對朋友的關心，從來沒有甚麼反應，也不點頭也不搖頭，好像一個不輕易向人示弱的酷男生。

春節期間我媽突然病重，過了大半個月還沒有脫離危險，看望母親幾乎成了每天的固定功課。我住的地方離醫院甚遠，探病外，每日仍要經營流水一樣的日子，焦慮加上距離，不知不覺便開始覺得吃不消。阿松知道了，很關心，但喉嚨不舒服，便讓老婆代問候，也叮嚀我不要太操心。哉絲來電話說：「緊張時就當自己在坐過山車，想想你身邊有人，大家抱在一團一起緊張。」她指的是我身邊那一群兄弟姐妹。我這時想到，比起哉絲，我這幾個星期的過山車實在算不得甚麼，這期間，讀者與朋友送來不少問候，我很感激。

這個春天也真是個多事之春，開春未幾，媒體上便報導，寶珠的媽媽與米雪的先生先後過世了。我在年前不久才訪問過寶珠，當時她正籌備在紅館的演出，無常總是趁我們超載的時候來百上加斤。過了不久，哉絲又打來電話，說：「米雪照顧了先生十八年，記者說，你辛苦了，米雪說，是他辛苦了，米雪說出了我心裡的話。」原來哉絲不是在朋友關心她時扮酷，她只是找不到適當的話表達內心的感受：「是他辛苦了。」

和舒淇談演技

前兩天，舒淇和我討論一個有趣的問題：演員演得不好，是誰的責任？

這個討論的契機，是王力宏在我們閒聊的時候過來打招呼。王力宏在《色．戒》中的表演引起爭議，有人說他演得不錯，有人說他不會演戲。他離開後，這個討論便開始了。舒淇斬釘截鐵地說：「演員演得不好，是導演的責任。」舒淇是個很溫和的人，平常說話未開口已先笑，一般不會用強烈語氣來表達與人家不同的觀點，除非別有內因，果然這句話的原話不是她說的，「是侯孝賢說的」，她說：「有一次拍他的戲，劇本沒有，對白沒有，到了現場，大家一起抓腦袋。」侯導演是國際級台灣名導，拍戲的方式和一般人不一樣，「當時，我怕是自己的演技出了問題，結果侯導說——」就說了前面那句話。

侯孝賢與我認識多年，是個出了名的好人，這也像是他的語氣……

所以，到底是誰的責任？

導演有責任向演員詳述角色的心理及情緒的狀況，演員演戲不能靠臉，要靠心，一切由心出發，明白了角色的心情，才有表演的基礎。一切表情與身體語言，都是由心流露出來的，好比有的演員演「笑」，會從心裡笑出來，有的演員也演「笑」，只會臉部抽筋，這就是分別。

至於演員聽了導演說戲以後，會不會用心揣摩，從而入戲，然後通過臉部表情和身體語言表達出來，這就得看演員的本事了。所以這個討論，沒有結論，只留下一個有趣的話題。

在電影中找自己

好幾年前，韓國出了一宗非常惡劣的命案，案中幾個少年結黨作案，為了練膽，為首的竟然隨意殺了一個人，然後要同黨少年割人肉做BBQ。破案後，少年承認，是看了港產電影《人肉叉燒包》後得到的啟發。

當然不可能每個觀眾看完《人肉叉燒包》就去做殺人狂，通常，觀眾只會從電影中看到自己心裡已經有的東西，這個東西本來只是一種朦朧的意識，當電影與這種意識呼應、與這種意識認同的時候，這個朦朧的东西就開始清晰了。又比如，假設是一部勵志電影，也有可能喚醒觀眾心中的自強意識，然後落實在生活中，但沒有這種意識的觀眾，可能只看到一個動人的故事。

八十年代初，香港有一部叫做《霍元甲》的電視連續劇轟動大陸，主題曲「昏睡百年，國人漸已醒」唱遍大江南北，但令人再也想不到的是它日後竟然成就了一位不凡的氣功治療師。二十多年前，一個才十多歲的小孩子，看了《霍元甲》後，立志成為一位氣功高手，他跟書自學，竟然打通了任、督二脈，到了中學畢業大家填志願書的時候，他只寫了八個字：「學好氣功，走向世界」，班主任給氣了個半死。

二十多年來，他苦練功，勤拜師，跟老師去農村免費為農民治病，累積了大量的寶貴經驗，成千上萬的人直接受益，這都是從一部電視劇開始。

影視除了娛樂，已經成為影響人們思維的重要媒體，影響人的價值觀，影響人的性格發展。我自己做電影，性格的形成與電影更息息相關。

美容秘方大公開

清晨氣溫不到十度，占士特意開車來一起行山，看見我與老婆雙手握拳，上下揮舞雙肩走所謂的「軍人正步操」，不覺失笑，說這個動作像「招財貓」比較多。

我雖然每天早上虐待老婆，把她從溫暖的被窩裡拉出去冰冷的山頭，但她最近心情很好，田園師海倫教她自製酸奶（乳酪），成績斐然，自製酸奶有幾大好處，第一新鮮，晚上做了早上享用；第二溫度是暖的，不是從雪櫃裡拿出來，大冷天還吃凍酸奶，對脾胃是大殺傷；第三是經濟效益，每天省十多塊錢；第四是成就感；第五，最重要的，是浮在酸奶面上那一層水質的奶清，你千萬不要一口喝掉，海倫說，那是美容珍品，每天晚上臨睡前搽在臉上，一個月後黑斑便消失。

對這喜訊反應最大的是我，因為我患有嚴重的美男綜合症。做酸奶的過程非常簡單，買一瓶新鮮牛奶，超級市場放在冰格裡那一種，買一杯原味酸奶（乳酪），找一個保溫杯，先把鮮奶煮到微溫，約人體溫度三十七度，鮮奶加熱到微溫，即大約四十度，用手指放進奶裡試一試，不可以太熱，太熱一定失敗，這個是關鍵。然後以鮮奶十、酸奶一的十比一比例，倒入保溫杯，旋緊杯蓋，保證你第二天有微溫的好味酸奶吃！煮奶時可以加入蜂蜜，蜂蜜奶清對皮膚更好。但如果加入白糖則不宜敷臉。

時間的價值

時間有甚麼價值？對於有閒的人來說，時間總不夠用——這句話表面上很矛盾，但可以做這樣一個實驗：把一件事交給兩個人做，阿甲從早忙到黑，阿乙從早閒到晚，實驗的結果很可能是阿甲把手上的事按時完成，而阿乙則拖拖拉拉，不知道要等到猴年馬月。

忙的人知道時間的寶貴，所以他要爭分奪秒；閒的人閒慣了，每日看看雲都可以打發時間，給他安排了一個事，等於打亂了他已經習慣的生活節奏，於是他需要時間去反應、去調節、去接受、去安排，這樣已經可以晃過一日，甚至兩三日、四五日、六七八九十日……明天過了還有明天。所以，你如果有甚麼急事要完成，得去找一個很忙的人。

「留班一年的學生最明白一年的價值；早產的母親最明白一個月的價值；週報的編輯最明白一個禮拜的價值；等待中的情侶最明白一小時的價值；錯過火車的人最明白一分鐘的價值；剛閃過一場車禍的人最明白一秒鐘的價值；奧運銀牌得主最明白百分之一秒的價值。」這是一位感性的朋友寫的小詩，小詩裡面沒有說一生的價值。

很多年前，當我媽媽還能和朋友一起聊天的時候，我聽見她這樣勸解一位老朋友：「不要說一生沒有成就，你的子女就是你的成就。」所以，父母最明白一生的價值。

當父母老得忘記了自己的價值的時候，請不要忘記一次一次地提醒他們。

東子師傅談關房

東子師傅入關房兩個月，出來以後，樣貌改變了，皮膚變得更細白，眼神更柔，這是兩個月來靜心的結果。前幾天我才談到樣貌與靜心的直接關係，想不到東子馬上再證實我的觀察。

關房好玩嗎？我問他。他笑，關房就是把人關起來靜坐，不准說話。從各地去參禪靜坐的超過百人，其中也有從香港去的，禪床都坐滿了，遲來的人只好坐在地上。禪房裡很多規矩，大師傅像班主任一樣坐在大家前面，另外有幾個師兄拿著禪板巡場，職稱「維那」，看見打瞌睡暈沉的就給一板，但遇到精進入定功夫好的也一樣打，這其中有兩個目的，一個是提醒禪者不要貪戀禪境，以至得了禪病，另一個培養你忍辱的功夫。

有一天來了個懂氣功的人，當全場都靜得蚊蠅聲清晰可聞的時候，那傢伙賣弄功夫，運氣用肚子弄出咕咕怪聲，維那揮板打，卻錯打旁邊一位年輕禪人，片刻後，那個討厭的傢伙又咕，維那又揮板打，可是又錯打同一個人，沒過多久，那個氣功佬竟然又咕第三次，這一次連大師傅也被氣得從講壇上跳下，東子說看見他的臉脹得紫紅，大師傅親自舉起禪板痛打，連板都幾乎打裂，可惜還是打錯同一個人！三次打錯同一人，差點搞出人命，但那個被冤打的年輕禪者從始至終都只笑咪咪。東子很激賞這位年輕人，認為他忍辱的功夫甚高。

向身體道歉

我平日早睡，但昨晚不慎搞到深夜，臨睡前習慣性地查一下電郵，其中一封郵件的內容令我十分反胃，我本來已經快睡著，這一激令我醒了一半，已經快關燈休息的身體機能突然被心頭火撞開，我可以感覺到一股怒氣迅速形成並且在胸腹間結集，眼看立即成沖天大火，在這一刹那間，我現在還記得，有個意識在問：要不要發火？

而身體與意識也分成了三部分，一部分是身體的狀況：因為怒而心臟猛烈狂跳；意識也從中分成了兩部分，一部分在問自己要不要發火，另一部分與疲憊的心身連成一體，這一部分由於疲憊，所以無奈也無力，我記得這一部分的意識回答：太累了，控制不住了，另一部分的意識得到了這一部分意識的同意，已形成的怒氣便在頃刻之間爆發，在半秒鐘之內覆蓋身心。

如果不是瞌睡，我平日是有能力及時制止怒火節節拔高的，現在已經太遲，身體已經在那一剎那間受到重創，二十分鐘後我睡在床上，雖然筋疲力盡，但無法合眼，心悸、心律不齊……

所有本來已經消失的毛病在那一秒之間通通回來，然後出現一件新鮮事，有個聲音在說話：「這個本來好好的身體現在突然不好了，責任全在我，對不起！」我發現我的潛意識竟然在向身體道歉！這個故事不是編造出來的。有很多人都不相信生一場氣可以得病，在第二天，我寫這篇文章的時候，頭還是痛的。

一樣奶，百樣人

有個日本漫畫小女孩叫做甚麼丸子，知道嗎？還記得她的樣子嗎？在北京，有個兩歲半的小女孩長得與她極為神似。這個孩子樣子滑稽，言論與行為也一流搞笑，我們暫時叫她做小丸子，小丸子有個姐姐六歲，暫時叫她大丸子，大小丸子姐妹花的父親在投資銀行工作，做金融投資沒有放假下班的時候，是很累的工作，所以家中父母講得最多的也是錢，我們的小丸子在這種土壤裡成長，很快便有自己獨特的性格。

有一天，父母問丸子姐妹倆：「爸爸媽媽你最喜歡哪一個？」這是標準親子問題，所有做父母的必然問過孩子，大丸子的答案也很標準：「兩個都喜歡！」小丸子眼睛一轉，說：「喜歡卡，刷刷刷！」小丸子的思維很直接，父母＝安全感＝信用卡。小丸子自從知道錢的作用後，便不再花零用錢，巧克力糖先吃姐姐的，姐姐的吃完後想吃她的，她每一顆都算錢，賣給大丸子。但是小丸子不喜歡人家笑她滿腦子是錢，她會覺得受了侮辱而傷心地哭起來。有一天她在電視機前又蹦又跳，忽然笑了，並且語出驚人：「我要做毛澤東！」家人吃一驚，說：「毛澤東是男的。」小丸子說：「我要做女毛澤東。」問她甚麼原因，她說：「毛澤東多好啊，睡在錢上！」——人民幣上的毛澤東不是睡在錢上嗎？

長壽的秘訣

科學家研究長壽的原因，得出一個令人十分振奮的科研結果：原來基因對老化的影響並不大，只佔百分之六到二十五，這是有百年歷史的美國國家地理會社在零八年八月四日報道的，記者叫 Anne Casselman，科學家的名字叫布衛納。布衛納認為：只要我們能控制生活方式，即可增加自己的壽命。

這要從自己的生活習慣開始，向外延伸到居家環境、社交圈及工作場所；向內則深入照顧自己的心態、脾氣、做人處事的態度及具體的行為。百歲人瑞的共同特點是吃得較少，也避免吃肉，長壽的日本琉球人一直使用小碗吃飯，眼看碗空了，感覺上也就吃飽了，再吃就有點罪惡感。多花點時間經營親情，讓自己經常感覺到放鬆與溫馨。

投入宗教信仰，正面的宗教常提醒我們注意生活的態度。面對各種的不如意，想像它們只是一盆水，「水過鴨背」，形容再大的水也在鴨背上存不住，所以，不如意時，讓它水過鴨背，過去就好。正面的宗教善導我們常駐於心中的平靜，保持一個寬容開放的心，這種心態直接為我們的長壽加分。

布衛納用好幾年的時間深入研究世界上百歲人瑞眾多的地方，將那些地區稱為「藍色地區」，把研究結果集結成《藍色地區：向長壽者學習》，他總結出長壽的訣竅：以植物為主要飲食、有規律但非強烈的運動、對家庭和宗教投入、以及對人生有目的。「我們一再觀察到，活得長久的人，每天早晨起床時，都很清楚自己要做甚麼。」布衛納說。

在他的案例中，有個八十幾歲的兒子每天早上騎單車去看他的媽媽，而他的媽媽一百零二歲還是一位交際花，每天起床就忙著約會，要不就參加社團活動，如果她的兒子不早點過來，她可能已經出門了。

與眾不同的芝娃娃

環境氣氛對一個人行為影響到底有多大？科學家為了研究人類的行為，有時會利用白老鼠做實驗。例如：把白老鼠集中在一個高度擁擠的環境裡居住，白老鼠會變得易怒、暴躁、互相攻擊，甚至自殘。所以得出結論，社會上的兇殺、家庭暴力、自殺、酗酒、虐待動物等行為，會更集中的出現在人口居住密度高的社群中。

我曾經說，我媽媽家養的小狗芝娃娃是狗種中體積最小、膽子最小的，膽小得甚至不敢從沙發上跳下地，這原來是我見識少。侄女把自家養的芝娃娃帶來，她的芝娃娃簡直就如一隻野馬騮，可以在木地板上溜冰，從沙發上跳上跳下，更能從電視機頂的高度往地上跳。同是芝娃娃，為甚麼行為差別那麼大？我媽媽家的芝娃娃是獨生子女，家裡除了人，再沒有狗友貓伴，侄女家的芝娃娃有幾隻貓做伴，隻隻都比她高比她大，爬高上低對貓來講是小魚一碟，耳濡目染，於是芝娃娃也學會了，居住的環境把她改造成一隻與眾不同的芝娃娃。

環境的影響就是這麼大，從前孟母三遷，也是為了讓孩子有個易於學好的環境。

民族性格

四川大災難後，我們的民族顯現了一股前所未見的凝聚力，社會上經歷了一場愛心的洗禮，這對民族性格的成熟有很正面的影響。

我們的民族平時並不注意性格上的發展，從以下這一則網上流行的笑話可見一斑：

「一個神經病患者來到建設銀行我同學的窗口要提款。紙條上赫然寫著：茲派××同志於貴銀行處提取人民幣。然後是一後面N多個零元。落款是『C點P中央辦公廳』。

保安對該女子說，你這張條子想要提款，必須先到對面派出所，找所長蓋一個章，他蓋完章，你再來取錢就沒問題啦。

「大概十多分鐘，那個女子舉著那個條子興高采烈的回來了，說：人家說啦，辦公程式簡化了，不用所長批條直接就可以取錢啦。

「我這個同學和保安當時就有點犯傻了，營業大廳有很多人在，怕她精神病發作起來影響正常的秩序，只好把值班主管找來。主管和女患者在一邊聊了幾句，問你取錢做甚麼用呀，女患者說，取錢買麵包，蛋糕，吃的，買穿的。主管指了指不遠處的地方，該女子就又高高興興地走了。主管當時是這樣對女患者說的：『我們這裡是建行，只有建房子才能到這裡取錢。你取錢買吃的，那肯定是糧食了，要去農行，買穿的，取錢要到工商銀行才行！』

「我同學打心眼裡佩服呀，到底是當主管的啊！過了一會兒，該女士又回來了。而且帶來了各行的回答：『農行的人說了，這裡是農行，只有農民能取錢，我是城市人口；工行的人說了，我們這裡是公行，只能公的來取，母的不行，說我是賤（國語發音）人，要到建行取錢。』」

為甚麼不給這個可憐的人一些錢，讓她去買吃的穿的？把嘲笑換成溫馨，叫人心裡不至於陣陣發涼。一個性格成熟的人不會嘲笑人家的不幸，一個性格成熟的民族不會把弱勢群體的不幸當成笑話。

地震中的小狗

地震的時候，一個六十多歲的婦人正在寺廟拜佛，房屋倒塌，房樑砸傷了她的頭，她艱難地爬了八百多米後，又被泥石流捲走，一塊大石砸傷了她的盤骨，又被隨之而來的另一塊大石卡住，引致下半身動彈不得，勉強冒出泥土的上半身，除了呼喊之外，只能目睹自己悲慘地逐漸死去，鎮裡的人已經全部撤退，除非及時獲救，命運是可以預見的。

類似的經驗我也曾有過，但壓著我下半身令我寸步不能動的不是泥石流，而是疊成小山一般高的一堆暈倒的同學，那是一九六七年香港暴動的時候，警民對峙，催淚彈直接打到我們同學身上，我周圍的同學都暈倒了，只有我在拚命掙扎，人在完全清醒的狀況下，眼看災難一點一點向自己逼近，而且無論怎樣拚命用力，也無法令自己被困的身體解脫，那種恐怖是無法形容的。可幸我只被埋了短短的一個片刻，很快就被其他同學像拔蘿蔔一樣把我硬拔了出來，地震中的婦人被埋了多久？八天，一百九十六個小時！

在荒山野嶺中一個人不吃不喝呆八天八夜已經夠可怕，何況在這種絕望的處境下？一百九十六個小時一分一秒地過去，靠喝雨水維生的婦人終於被搜索隊發現，婦人一面感謝忙著挖她出來的搜索隊員，一面向他們講了一個感人的故事：看見那兩隻小狗嗎？她說，小狗不知道是誰家的，但是陪了我八天八夜，在烈日當頭沒有雨水的時候，牠們舔我的嘴，舔我的臉，而且不斷地吼叫報警。搜救隊就是因為小狗的吠聲才發現了婦人。

天地無情蒼生有難，蒼生共難的時候，動物也顯露出人性的光輝。

詩人昂昂，走過夜央

最難忘的一次行山經驗，是與作家、詩人白樺在一起。我們在險峻的雲南山路上，為了去那時候還沒有被旅行社開發的瀘沽湖，先坐爬山車，兩三天後公路沒有了，便騎馬，遇到馬也上不去的山坡，便走路……那時候的白樺五十五歲。

上個月，他剛剛過了八十歲的生日大壽。我沒有送他生日禮物，他卻託朋友帶來一本詩集。這本詩集是白樺的心路，從他出生的故鄉講起，講到他今天登上了八十歲的高峯，他茫然四顧來時的路和前面的山，湧現在詩人腦中的頭兩個字竟然是「恐怖」，所以他的詩集的頭四句便這樣寫：「一場極為恐怖的暴風雪之後，我的軀幹終於被徹底折斷了；枝頭上還殘留著最後一片綠葉，我，還在苦苦留戀這個人間。」

白樺所知道的這個人間是暴力的。「八歲成了亡國奴，十二歲，拜別被侵略者活埋在故鄉泥土裡的父親，遠走他鄉，十七歲懷著視死如歸的決心走上戰場，二十歲進入文壇」，從此成了各種殘酷政治運動中的「運動員」，他說：「暴力之花能蒂結和平之果嗎？仇恨之劍能斬斷仇恨之根嗎？」詩人「流了八十年淚水的眼眶，泉水依然湧動，時時還會長歌當哭」，但是「因為流淌了八十年的淚水，把我這雙眼睛洗滌得像兒童那麼明亮！」

詩人的眼睛裡都進不得灰，英國詩人 W. H. Auden 這樣寫："Follow, poet, follow right. To the bottom of the night,"。詩人昂昂，走過夜央。社會的進步繫於整個民族，而民族的悲情則被詩人獨自承擔了。

附錄

壞膽固醇剋星——亞麻籽油

香港人日忙夜忙，飲食不健康，街外吃的大都是高膽固醇食物，容易引致心臟病、血管硬化等病症。亞麻籽含獨特的奧米加3脂肪酸，它是多元不飽和脂肪（polyunsaturated fatty acid），不單能降低血液中的「壞膽固醇」，也有降低血液黏性的功能，從而減低脂肪積聚於血管壁，避免血管硬化和收窄，有效減低患上心臟病的機會。

市面上除了有亞麻籽外，亦有亞麻籽油和亞麻籽膠囊售賣。亞麻籽是一粒棕色的種子，形狀與瓜子無異，但體形比瓜子細小，又比芝麻大。亞麻籽具有食療作用，而且價錢很廉宜，每二百五十克售價約為二十元。所以亞麻籽的確是價廉、物美、又有益的健康食品。

亞麻籽更含豐富營養，包括蛋白質、纖維素及脂肪。亞麻籽提供的奧米加3脂肪酸種類包括：亞麻酸（Alpha-Linolenic Acid, ALA）、EPA（Eicosapentaenoic Acid）和DHA（Docosahexaenoic Acid）。雖然亞麻籽油不含纖維素，但卻含豐富抗氧化劑——維他命E。

食用方法

由於亞麻籽對心血管疾病有一定的益處，所以在美國和加拿大受廣泛食用。亞麻籽可以用作食物材料、拌碟或作食油使用：

- 把亞麻籽拌入麥皮或糖水中（如紅豆沙、麥米粥、喳咋等），或加入麵粉糰中，弄成亞麻籽鬆餅、班戟或麵包。增添口感之餘，亦可增加纖維素。
- 將亞麻籽剁碎或攪碎，灑在沙律、菜上作拌碟。
- 亞麻籽油的起煙點比一般的油低，只有攝氏一百零七度（粟米油攝氏一百六十度），所以亞麻籽油很容易被熱力分解，並不適用於高烹調。亞麻籽油可用作沙律油或加入已煮好的湯、薯蓉中食用。
- 每一湯匙亞麻籽和亞麻籽油分別提供 59 和 120 卡路里，吃過量可能導致體重上升，所以要吃得又健康又 fit，用油要適量，建議煮食時平均一天最多只能用到六茶匙油。

詳情可參考：http://www.recruit.com.hk/article/articledetail.aspx?article_id=25881

嚴選偏方

Health 005

作者：嚴浩
設計：阿燒
總編輯：阮佩儀
編輯：黃丹玥
校對：Vinci、Lala
出版：紅出版（青森文化）
香港灣仔道 133 號星航資訊中心八樓
(852) 2540-7517
editor@red-publish.com
http://www.red-publish.com
印刷查詢電郵：gary@hklabel.com
香港總經銷：香港聯合書刊物流有限公司
香港新界大埔汀麗路 36號中華商務印刷大廈三字樓
台灣總經銷：貿騰發賣股份有限公司
新北市中和區中正路 880 號 14樓
(886) 2-8227-5988
http://www.namode.com
出版日期：二零一二年五月
二零一二年十月（第二版）
圖書分類：健康
ISBN：978-988-8164-17-2
定價：港幣七十八元正／台幣三百二十元正

做作家，不再是夢想！